Eleganz im Beet

blv

Pflanzen in Silber, Gold und Schwarz

KRISTIN LAMMERTING

Inhalt

Eleganz im Beet – der neue Trend

Eleganz – jeder kennt sie, aber was macht sie eigentlich aus? Eleganz entzieht sich als ästhetisches Phänomen dem logischen Denken und bezeichnet den Ausdruck von besonderem Stil und Geschmack in Mode, Design, Architektur sowie in der Kunst. Sie stellt ein feinsinniges Konzept und Ideal dar, das an Schönheit und Anmut orientiert ist. Eleganz ist nicht unbedingt mit Wohlstand und Bildung verbunden, vielmehr hat sie mit Kreativität und Wahrnehmung zu tun.

Eleganz ist gekennzeichnet von herausragender Gestaltung und ist im künstlerischen Ausdruck eher zurückgenommen, nach dem Motto »Weniger ist mehr«. Zeichen von Eleganz sind wenige ausgesuchte Farben, angenehme Proportionen sowie klare visuelle Elemente. Obwohl der Begriff Eleganz sich im Wandel der Zeit ändert, gibt es Formen zeitloser Eleganz. Antike Skulpturen haben sie ebenso wie geschmeidige Raubkatzen oder die himmlisch schönen weißen Lilien. Sinnlichkeit und Ästhetik vereinen sich zu erkennbarer Schönheit, eine Harmonie von Kunst und Natur.

Elegante Menschen haben »das gewisse Etwas«, eine geheimnisvolle Anziehungskraft. Prominente Beispiele sind die französische Präsidentengattin Carla Bruni-Sarkozy und der Schauspieler George Clooney, die als aparte Dame von Welt beziehungsweise als charmanter Gentleman die Menschen in ihren Bann ziehen. Stilbewusst wählen sie stets die passende Kleidung, dezent in Farbe und Design. Sicher im Geschmack repräsentieren beide voller Anmut den Typus klassischer zeitloser Eleganz, gepaart mit edler Lässigkeit, und setzen damit weltweit Modetrends.

Pflanzen in Silber, Gold und Schwarz

Wie kommt nun Eleganz ins Beet? Das ist erstaunlich leicht. Edles Silberlaub, glanzvolle pflanzliche Goldtöne sowie subtile schwarze Blüten und Blätter, geschickt und mit dem Gefühl für das Wesentliche im Beet platziert, verwandeln eine unscheinbare Anpflanzung in ein Kunstwerk voller Sinnlichkeit und Grazie.
Silberfarbene Blätter schenken einen feinen, hellen Glanz und reflektieren schwaches Licht an verhangenen Tagen oder sogar noch den Mondschein. Wie dezenter Silberschmuck bringen sie kühle, ja aristokratische Noblesse ins Beet und haben einen wohltuend ordnenden Aspekt. Sie verleihen einem Pflanzenarrangement die für Eleganz so essenzielle Schlichtheit. Silberne Kräuter sind seit der Antike beliebt, sie werden wegen ihres aparten Aussehens und vor allem wegen ihrer herrlichen Düfte geschätzt, die sie dem sommerlichen Garten schenken. Goldfarbene Pflanzen verheißen mit ihrem erlesenen Edelmetall-Schimmer das Strahlen der Sonne, das universelle Lebenselixier unserer Erde. Gold stellt Sinnbild der Götter und Könige dar und sendet mit edlem Glanz die Botschaft von Kraft, Schönheit und Lebensfreude aus. Gold ist das Symbol für die großen Momente im Leben und die Farbe der Sieger. Mit ihren warmen Nuancen sind goldfarbene Blüten elegante

Silberpflanzen schenken stilvolle Lichtreflexe durch die diskret aufhellende Wirkung ihrer erlesenen Blattstrukturen. Der schimmernde Glanz legt sich wie dezenter Schmuck um die Pflanzenpartner und schmeichelt ihrer Erscheinung: Eleganz im Beet.

Blickfänge. Kostbar wie das Edelmetall stellen sie im Beet Schmuckstücke dar, die mit exquisiter Pracht die Aufmerksamkeit auf sich ziehen. Goldene Blätter veredeln Beete mit noblem Schimmer und bringen Pflanzenpartner zum Strahlen.
Schwarz, die Symbolfarbe von geheimnisvoller Mystik, ist im Garten erst seit wenigen Jahren en vogue. Wie das berühmte »kleine Schwarze« von Coco Chanel einst zur Mode-Ikone erhoben wurde und bis heute unverzichtbar für jede Dame ist, haben sich schwarze Blüten und Blätter rasant zu einem internationalen Stilelement für elegante Gärten entwickelt. Moderne Gartendesigner in der ganzen Welt haben die verführerische Magie von Schwarz in Beeten als einen Höhepunkt des Zeitgeschmacks entdeckt. Die provokante und subtile Schönheit von samtig seidigen Blüten und Blättern in Schwarz schenkt dem Garten einen verführerischen, geheimnisvollen, bisher kaum gekannten Sex-Appeal.
Silberne, goldene und schwarze Blüten und Blätter sind von individueller Finesse und von begehrenswertem Reiz. Ob pur eingesetzt, mit Raffinesse kombiniert oder als attraktive Begleiter für durchschnittliche Beetpflanzen, die silberfarbenen, goldenen und schwarzen Schönheiten verleihen jedem Garten Zauber und einen Hauch von Exklusivität und Kostbarkeit. Mit den von mir ausgewählten edlen Pflanzen bringen Sie Eleganz in jedes Beet und verwandeln Ihren Garten mit leichter Hand in ein meisterhaftes Kunstwerk. Die vielen außergewöhnlichen Beispiele internationaler Gärten offenbaren einen modernen Gestaltungstrend. Mögen sie Ihren Blick für das Wesentliche schärfen und möge das vorliegende Buch Ihnen Inspirationen schenken, mit Lust und Esprit Neues zu wagen oder Altes in neuem Glanz erstrahlen zu lassen.

Nun wünsche ich Ihnen viel Freude, Eleganz im Beet zu entdecken, zu verwirklichen und zu genießen!

Herzlichst Ihre

Kristina Lammerting

Die schwarzen Seidenblüten der Schwertlilien glänzen wie kostbare Abendroben und verführen mit dem magischen, subtilen Sexappeal ihrer faszinierenden Schönheit: Eleganz pur.

Leuchtend goldgelb strahlt die Lilienblütige Tulpe 'West Point'. Ihre grazilen Blüten öffnen sich mit schlanker Taille und spitzen, apart zurückgebogenen Blütenblättern. Sie »schweben« auf langen Stielen wie zarte Ballerinas über dem Beet: Eleganz in Perfektion.

Silber

Edle Lichtreflexe

Silber ist ein herrliches Edelmetall. Seine aparte Farbe entsteht als Lichtschein durch schimmernde Reflexe an bestimmten Flächen und verzaubert vermeintlich graue Pflanzen in elegante Gartenschönheiten.

Aristokratischer Glanz

Silberpflanzen schimmern edel im Beet und schenken Pflanzarrangements anmutige Lichtreflexe. Mit ihrer klaren Farbe, ihren interessanten Texturen und oft markanten Silhouetten bereichern die Silberschätze jedes Gartendesign, ohne sich jemals in den Vordergrund zu drängen. Wie noble Aristokraten halten sie sich vornehm zurück und verleihen ihren Pflanzenpartnern im Beet Glanz und Würde.

Der berühmte weiße Garten von Sissinghurst Castle in England glänzt mit feiner Noblesse. Silberstauden und die elegant schimmernde Kuppel einer Weidenblättrigen Birne *(Pyrus salicifolia)* 'Pendula' umrahmen kunstvoll die schlanke Skulptur einer edlen Dame.

Silber als Edelmetall ist elegant, kühl und neutral und weckt keine starken Emotionen. Es ist eine diskrete Farbe, die als Schmuck die Trägerin, ob jung oder alt, mit erlesener Zurückhaltung glänzen lässt. Wie feines Mondlicht strahlen Silberpflanzen eine aparte Ruhe aus.

Leise, kühle Töne

Silber im Beet bietet eine Palette der leisen Töne: von fast Weiß über Lichtgrau bis zu eisblauen Nuancen. Echte Silberblüten sucht man natürlich vergebens, umso reicher ist das Angebot an Silberblättern. Gerade moderne Gärten nutzen die Kraft und Nachhaltigkeit von Blattschmuck, sind doch Blüten immer nur ein kurzer Rausch. Die Silberfarbe der Blätter resultiert von haarigen, wachsähnlichen oder pudrigen Schichten, die Licht reflektieren und die Pflanzen, die meist an heißen Standorten beheimatet sind, vor der Sonne schützen. Daher fühlen sich Silberpflanzen auch bei uns nur in der vollen Sonne wohl und brauchen sehr durchlässige, eher magere Böden ohne winterliche Staunässe.

Klassische Silberpflanzen wie Lavendel und Edelraute *(Artemisia)* finden seit der Antike als Heil- und Duftkräuter Verwendung und wurden in der Renaissance neben Heiligenkraut *(Santolina)* in Knotengärten sowie Parterres gepflanzt. Die große Beet-Künstlerin Gertrude Jekyll entdeckte Silberpflanzen für ihre sensiblen und malerischen Borders. Sie erlöste Silberpflanzen vom scharfen Scherenschnitt, der in den strengen viktorianischen Teppichbeet-Mustern üblich war, und brachte sie wegen ihrer individuellen Schönheit und subtilen Farbe in ihre berühmten harmonischen Beete ein. Heute erleben Silberpflanzen eine erneute Hoch-Zeit im Beet und erlangen derzeit geradezu Kultstatus in Englands trendigen Traumrabatten. Silber ist vielleicht die entspannteste und einfachste Farbe in einer Pflanzkombination. Es ist beruhigend fürs Auge, setzt aparte Lichtreflexe in jedes Beet und verleiht einem weißen Garten magischen Glanz. Gutmütig verträgt Silber sich mit allen Farben wie Formen und trennt einem Friedensengel gleich Blütenfarben, die schwierig im direkten Nebeneinander sind. Silberpflanzen sind aber nicht nur gute Vermittler, sondern kommen als größere Solitäre, Riesenstauden (z. B. Artischocke), Sträucher oder Kleinbäume edlen Rittern gleich daher. Silber kann als »Perlenstrang« eingesetzt werden und mit hellen Farbpunkten durch den Garten rollen. In dicken Tuffs funkeln Silberpflanzen wie Diamanten, die selbst bei müdem Regenwetter einem Beet einen hellwachen Ausdruck schenken.

Vermittler und Universaltalent

Silberpflanzen sind Universalkünstler und passen zu allen Farben der Natur:
Perfekt harmonieren sie mit grünem und rotem Blattwerk, damenhaft elegant mit Pastelltönen wie Rosa. Blau und Silber erfrischen wie eine kühle Meeresbrise, Rot wird angefeuert und Lila lebhafter. Silber in Kombination mit Gold ist ein kostbarer Schatz, Silber mit Schwarz wirkt elitär. Filigrane Blattformen erinnern an kunstvollen Silberschmuck und weich behaarte Blätter suggerieren einen Kuscheleffekt

Eine wunderbar kühle und überaus elegante Kombination ist Weiß und Silber. Beide Pflanzenfarbtöne haben durch ihren nahezu gleichen Helligkeitsgrad eine ähnlich feine Ausstrahlung. Rein weiße Blüten und glanzvolle Silberblätter vereinen sich wie im Tanz zu einem sensiblen klassischen Ballett à la Schwanensee. Ein Beet aus purem Silber

strahlt die höchste Form aristokratischer Eleganz aus. Silberblätter glitzern, und ihr facettenreiches Spiel – von den delikaten Formen eines kostbaren Spitzengewebes über bläuliche Silbernadeln von Gräsern bis hin zum intensiven Silber kompakter Strukturen – bietet eine unerschöpfliche Quelle Eleganz ins Beet zu zaubern.

Zum Glück gibt es auch einige wenige Silberkünstler für den Schatten, z. B. Kaukasus-Vergissmeinnicht *(Brunnera)* oder Lungenkraut *(Pulmonaria)*. Neuzüchtungen mit panaschierten Blättern glänzen mit silbrig scheinender Oberfläche.
Silberpflanzen im Beet sind wie gute Freunde: Selbst immer niveauvoll und voller Rücksicht auf Harmonie bedacht, sind sie nie langweilig. Sie bringen angenehmen Esprit ins Leben, ohne dabei stressig zu sein. Frei nach Marylin Monroe: »Silvers are a gardener's best friend!«

Ein großartiger Partner im eleganten Beet ist Woll-Ziest *(Stachys byzantina)*. Seine fein behaarten Blätter und Stängel gleichen einem edlen Kaschmirgewebe und lassen die Staude stets apart silbrig schimmern. Die intensiv violettblauen Salbeiblüten sind wie kleine Saphire in einer Brosche gefasst und strahlen mit kostbarer Pracht.

Silberraute, *Artemisia ludoviciana* 'Valerie Finnis'

Mit ihren scharf geschnittenen lanzettlichen Blättern in hellem Silbergrau hebt sich die Silberraute von jeder Pflanzung stilvoll ab. Sie harmoniert mit vielen Partnern, deren Wirkung sie großzügig unterstreicht. Dabei ist sie in ihren Ansprüchen genügsam, nur Sonne braucht sie reichlich.

Wuchs: 70 cm Höhe. Silbrig graue, lanzettartige, scharf geschnittene Blätter, die eine große Fernwirkung haben.

Blüte: Klein und unscheinbar (Juni/Juli). Das Cremegelb ist farblich sehr apart. Im weißen Garten Blüten entfernen.

Standort: Sonnig. Sandige, nährstoffarme und trockene, gut wasserdurchlässige Böden.

Pflege: Artemisien im Herbst bis zur Basis zurückschneiden, um einen kompakten Wuchs zu erhalten.

Verwendung: Glanzvoll betreten Artemisien die Gartenbühne als vielgestaltige und kühle Lichtgestalten. Sie sind die Silber-Göttinnen eines eleganten Gartens. Als Basis für weiße und silberne Beete schillern sie in wertvoller Edelmetall-Optik und sind Webpflanze für kostbaren Gartenbrokat. Feinste Wassertröpfchen sammeln sich auf den filigranen Blättern, glitzern wie Diamanten und erhellen trübe Tage mit ihren irisierenden Lichtreflexionen. Wie Girlanden verbinden die Silber-Büschel herrlich jegliche Blattfarbe, ob Grün oder Rot oder – ganz edel – verschiedene Silbertöne, stilsicher miteinander. Silberrauten sind unerlässliche Tanzpartner für sonnige Beete und intensivieren die Farben anderer Stauden großzügig. Dabei bleiben sie selbst attraktive Geschöpfe von großer Leichtigkeit.

Varianten: *A. arborescens* 'Powis Castle' (50–100 cm) schimmert mit fein ziselierten Blättern wie graziler Silberschmuck. Die Sorte braucht Winterschutz, zauberhaft auch als Kübelpflanze. *A. absinthium* 'Lambrook Mist' (80 cm) hat fein gefiederte, leuchtende Silberblättchen und ist ein ebenso schmeichelhafter wie stattlicher Partner im Beet. *A. schmidtiana* 'Nana', die Zwerg-Silberraute (10 cm), bildet ihre zarten Blättchen wie schmückende Broschen aus, die entzückend sonnige Plätzchen erleuchten. Sehr dekorative Kübelpflanze; braucht besonders trockenen Standort.

Die zart verwobenen Fiederblättchen der Zwerg-Silberraute erinnern an altertümlichen Filigranschmuck oder ein schaumartiges Netz.

Japanischer Regenbogenfarn, *Athyrium niponicum* var. *pictum* (= *A. niponicum* 'Metallicum')

Wuchs: Höhe 20–40 cm. Die silberrosa schimmernden Fiederblätter der exotischen Schönheit sind von zarter Gestalt. In Japan nennt man diesen Farn treffend Brokat-Farn, weil sein feines Silberspiel rötlich bis grünlich, in den Farben des Glück bringenden Regenbogens, überhaucht ist. Die subtile, aparte Verbindung von purpurroten Blattrippen und filigraner Silberspitze zaubert kühlen Sex-Appeal an schattige Standorte.

Blüte: Keine

Standort: Halbschatten und Schatten. Frischer bis feuchter Standort, gerne mit saurem, torfigem Boden.

Pflege: Braune Blattwedel nach dem Winter abschneiden. Bei Kahlfrösten mit trockenem Laub etwas Winterschutz geben.

Verwendung: Wie ein edler Ritter in schillernder Metallrüstung verhilft der Regenbogenfarn selbst morbiden Schattenbeeten zu prickelnden Höhepunkten. Der märchenhaft schöne Silber-Prinz ist das eleganteste Wesen in lichtarmen Bereichen. Sein vollendeter, filigraner Charakter wird durch die Nähe von blaublättrigen Funkien zu elysischer Erlesenheit erhoben und die schwarzen Blätter des Schlangenbarts lassen den pflanzlichen Adonis in seiner ganzen Kostbarkeit glänzen. Dies ist der wahre Silberschatz des Schattens!

Varianten: Keine.

Zahlreich gepflanzt, breitet sich Japanischer Regenbogenfarn wie edles Silberbrokat-Gewebe aus. Seine grazilen, edel gezeichneten Wedel verwandeln langweilige Schattenbereiche in ein glanzvolles Fest der Sinne. Brokat-Farn ist mein persönlicher Schatten-Liebling, den ich gerne schütze!

Silbriges Kaukasusvergissmeinnicht, *Brunnera macrophylla* 'Jack Frost'

Wuchs: 30–40 cm hoch. Wie gefrostet und mit Raureif- oder Eiskristallen überzogen wirken die herzförmigen Blätter. Sie sind mit einem kostbar schimmernden Netz von zarten, grünen Adern durchzogen. Der silbrige, üppige Blattteppich entrollt sich bereits im zeitigen Frühling und ist ein Lichtbringer für schattige Bereiche, selbst unter Gehölzen.

Blüte: April bis Mai. In Vergissmeinnicht-Blau erscheinen niedliche Blütchen an lockeren Rispen.

Standort: Halbschatten und Schatten. Humoser, nährstoffreicher, feuchter Gartenboden. In hoher Luftfeuchtigkeit entwickeln sich die Blätter zu stattlicher Größe.

Pflege: Am passenden Standort kaum Pflege notwendig.

Verwendung: 'Jack Frost' und seine *Brunnera*-Silberfreunde gehören zu den spektakulärsten Neuzüchtungen der vergangenen Jahre und sind die Superstars des Schattens! Ohne Starallüren gedeihen sie herrlich elegant und agieren wie echte Show-Profis: immer topp und ohne Zicken. Als Solitäre im Grünen gleichen sie funkelnden Kristallen, in Masse gepflanzt, schimmern sie wie Meereswellen im Mondlicht.

Varianten: 'Looking Glass' (30–40 cm) zeigt perfekte Silberblätter von hell glänzender Eleganz – très chic. Sehr nobel in erlesenen Töpfen, die Sorte ist allerdings noch eine Rarität. 'Silber Lace' schillert in unterschiedlichen Farbnuancen wie feine Silberspitze mit edler Fernwirkung. 'Mr. Morse' glänzt mit grünen Blattadern und -rändern auf silbrig bereiften Blättern. Sie zaubern Noblesse in schlichten Halbschatten, die weißen Blüten sind recht fragil.

'Jack Frost' ist der Klassiker unter den lebhaften Silber-Champions panaschierter *Brunnera*-Neuzüchtungen. Wie sein handfester Name vermuten lässt, ist er ein »echter Kerl«, ein tapferer, robuster Ritter mit elegantem Körper, der zäh und ausdauernd schattige Standorte mit Bravour meistert. Ein »Must« im eleganten Schattengarten!

Filziges Hornkraut, *Cerastium tomentosum* 'Silberteppich'

Wuchs: 10–15 cm Höhe. Wintergrüner Teppichbildner, der sich schnell ausbreitet und einen herrlich eleganten Bodendecker abgibt. Die zart filzigen, hellgrauen, aparten schmalen Blättchen weben ein flauschiges Silbertuch, das netterweise mit seinem dichten Geflecht gut Unkraut unterbindet.

Blüte: Mai bis Juni. Kleine, weiße Trichterblütchen, die entzückend fragil und strahlend in die Höhe schauen.

Standort: Sonnig. Trockener und warmer Standort mit durchlässigem, leichtem Gartenboden. Weil die Staude empfindlich gegen Winternässe ist, sollte man unbedingt drainierende Substanzen wie Schotter oder Kies einbringen. Sie breitet sich schnell aus und braucht Platz.

Pflege: An optimalem Standort keine. Die erstaunlich widerstandsfähige Teppichstaude mag keine fetten Böden, dort verfault sie.

Verwendung: Die Farbe und die aparte Textur machen den matt glänzenden 'Silberteppich' zum Hingucker, besonders in Steingarten-Beeten, wo er wie ein kleiner silberner Wasserfall agiert. Gerne zieht er sich effektvoll am trockenen Rand von Beeten entlang, wo er charmant und frisch bis auf den Wegbelag schäumt und ihn mit weichem Silberstrich nachzeichnet. Balkonkästen erfahren den hängenden 'Silberteppich' als wertvolle und sehr edle Fortsetzung in die Vertikale.

Varianten: Die Dalmatiner Silber-Garbe (*Achillea ageratifolia*, 5–15 cm), gehört zwar einer anderen Gattung an, hat aber eine ähnliche Farbkombination wie der 'Silberteppich' und ist ebenfalls Matten bildend, daher kann sie ähnlich verwendet werden.

Filziges Hornkraut klingt wie derbe, plumpe Pantoffeln. Zwar ist *Cerastium tomentosum* eine klassische Cottagegarten-Pflanze, doch von Derbheit so weit entfernt wie Pumps von Gummistiefeln. Weiße Blütchen strecken sich auf langen »Stöckeln« über den Silberteppich empor.

Elfenbeindistel, *Eryngium giganteum* 'Miss Willmott's Ghost'

Generell sind Silberpflanzen die zurückhaltenden Partner, die eine Beet-Komposition untermalen. Weit davon entfernt ist der Geist der exzentrischen Miss Willmott, einer Elfenbeindistel. Edel in der Farbe und im Habitus, spielt sie garantiert immer die Hauptrolle.

Wuchs: 40–80 cm Höhe. Wahrhaft wie ein Silberleuchter strahlt die atemberaubend schöne Distel mit reich verzweigten Stielen. Sie ist die »Mega-Diva«, die »Duse« im eleganten Beet. Ihr Silberglanz changiert von elfenbeinfarben bis zu einem kühlen Silberblau. Die kunstvoll gemaserten Blätter erscheinen filigran und trotz der spitzen Stacheln äußerst ladylike. Diese Schönheit hat alle Attribute, die sie zu einem begehrenswerten und dramatischen Superstar machen.

Kleine Namensanekdote: Die passionierte britische Gärtnerin Miss Willmott streute bei ihren Besuchen in fremden Gärten heimlich die Samen dieser Distel aus. So treibt sich der Geist der geheimnisvollen Lady bis heute in den Gärten Englands herum.

Blüte: Die kunstvolle »Designerblüte« zeigt einen inneren Blütenkegel, der von kühn gezackten Hüllblättern umgeben wird, die dem steifen Kragen einer noblen Lady des Mittelalters ähneln. Sehr lange Blütezeit (Juli/August), denn die elegante Dame bewahrt noble Contenance bis zum Frost.

Standort: Vollsonnig. Trockene, warme und nicht zu nährstoffreiche Gartenplätze, gerne auf kalkhaltigem Boden.

Pflege: Die Blattrosette nicht zu tief pflanzen. Da die kapriziöse Schönheit das Umpflanzen übel nimmt, am besten dort aufgehen lassen, wo sie sich von alleine aussamt. Sie wird niemals lästig.

Verwendung: Deutschland braucht diese extravagante Silberlady! Besonders im Vordergrund von Beeten und gerne direkt am Gartenweg wirkt ihre überaus spannende und ungewöhnliche Gestalt magisch und aufregend. Sie provoziert erstaunte Blicke und ist im Mondlicht, das ihre metallischen Blätter schimmernd reflektiert, geradezu außerirdisch betörend. Die Elfenbeindistel ist exzentrisch, äußerst reizvoll, wirklich phänomenal!

Varianten: *E. × zabelii* 'Blauer Ritter', das Gartenmannstreu (30–70 cm, siehe Foto), ist mit seinen silbrigen Blättern und stahlblauer Blüte der maskuline Kollege der Elfenbeindistel und *E. planum* 'Blauer Zwerg' (30–50 cm) die Miniaturausgabe für kleinere Beete.

Alle Elfenbeindisteln sind begnadete Selbstdarsteller. Der 'Blaue Ritter' in stahlblauer Rüstung strahlt mit eisiger Farbe und dolchscharfen Blättern. Er ist ein wahrhaft ritterlicher Begleiter für zarte Partnerinnen.

Blau-Schwingel, *Festuca glauca* 'Elija Blue'

Wuchs: 15–20 cm Höhe. Das Gras bildet straff aufrechte, stahlblaue Horste mit der halbkugeligen Silhouette eines Seeigels, die zu jeder Jahreszeit eine mondäne Gartenzierde sind. Immergrüne oder besser immerblaue Halme strahlen aus einem festen Knoten heraus. Die atemberaubende Farbe und der dynamische Wuchs sind von kühler Eleganz.

Blüte: Juni bis August. Cremefarbene, lockere Blütenrispen, die sehr apart die Sonnenstrahlen einfangen und sich mit dem Himmelblau der Grashalme modisch perfekt vereinen.

Standort: Sonnig, trocken und heiß. Je karger und trockener der Standort, desto intensiver die Färbung und desto länger die Lebensdauer.

Pflege: Im März/April Rückschnitt bis 5 cm über Boden. Häufiges Teilen hält die smarte Schönheit fit. In rauen Lagen Winter- und Schneeschutz geben.

Verwendung: Die absolut spektakuläre blausilberne Färbung ist an einen sonnigen, trockenen Standort gebunden, daher eignet sich 'Elija Blue' nicht für normale Staudenbeete. In einem Kiesgarten oder als Trogbepflanzung dagegen ist das Stahlblau einfach sensationell! Die Kombination mit dunklen Fetthennen gleicht einem modernen Powerpaar. Im trockenen Silberbeet zaubert er dank seiner strahlenartigen, silberblauen Igelschöpfe kleine Glanz-Explosionen, in Gruppen gepflanzt ein eisiges Feuerwerk und in Massen superelegante Wogen.

Varianten: Weitere Sorten. sind 'Frühlingsblau' und 'Eisvogel'. *F. cinerea* 'Zwergenkönig' ist die kleinste und kompakteste Blau-Schwingel-Sorte.

Die blau bis silberfarbenen halbkugeligen Büschel des Blau-Schwingels *(Festuca glauca)* 'Elija Blue' ähneln aparten Puderquasten, die es gerne sonnig und trocken haben. Die feinen Grashärchen in attraktiver Farbe machen die pinselartigen Tuffs zu eleganten Cheerleadern im Beet.

Blaublatt-Funkie, *Hosta*-Hybride 'Halcyon'

Wuchs: Höhe 40–50 cm. Wie alle *Hosta* liefern Blaublatt-Funkien eine prachtvoll elegante Blatt-Show. Die länglichen, herzförmigen, eleganten Blätter haben eine attraktive blaugraue Farbe, die im Schatten besonders kühl und silbrig erscheint.

Blüte: August. Helllavendelfarben, fast weiß und anmutig wie Freesienblüten.

Standort: Halbschatten und Schatten. Kühler, gerne luftfeuchter Standort mit humusreichem, lehmigem, feuchtem Boden.

Pflege: Der ewige Feind dieser prächtigen Laubpflanze heißt Schnecke. Zum *Hosta*-Austrieb der anrückenden Schleim-Armada gleich mit Bierfalle und/oder Schneckenkorn zu Leibe rücken.

Verwendung: *Hosta* sind Allround-Talente! Ob als würdevoller Solist oder in einer temperamentvollen »Funkie(n)-Group«, ob als ruhiger, flächendeckender Blätterwald oder als schwungvolle Drifts im Beet, stets machen sie eine gute Figur. Auch als aparte Wegbegleiter sind sie überzeugend. Die kühle blaue Farbe von 'Halcyon' hat Klasse und Eleganz, die auch Kübeln auf Terrasse und Balkon exzellent steht.

Varianten: 'Blue Cadet' (20–30 cm) macht sich mit herzförmig, spitz zulaufenden Blaublättern prima im Beetvordergrund oder als stilvoller Silberrahmen für erlesene Beete. 'Reginald Kaye' spielt mit seinen stahlblauen, schlanken Blättern den galanten Charmeur des Schattens. *H. sieboldiana* 'Elegans' (60–70 cm) ist eine imposante Schatten-Kaiserin mit Weltgeltung. Ihre riesigen, stark blau bereiften Blätter werden nur noch von der neuen Hybride 'Blue Umbrellas' (70–80 cm) mit ihren Riesen-Blattschirmen übertroffen.

Blaublatt-Funkien wie die *Hosta*-Hybride 'Halcyon' bringen in Beete ohne viel Sonnenschein einen soliden und flächigen Silberton, der aufhellende Wirkung hat. Die nahezu waagerecht ausgerichteten Blätter bilden eine dezent leuchtende Oberfläche wie ein leicht bewegtes Gewässer. Ein langer, sich schlängelnder Drift vermittelt den Eindruck eines entspannten Bachlaufs in romantischem Mondlicht. Funkelnde Wassertröpfchen auf den silbrigen Blättern untermalen diese Wirkung.

Lavendel, *Lavandula angustifolia* 'Hidcote Blue'

Wuchs: 40–50 cm Höhe. Immergrüne, silbergraue, nadelartige Blätter. Die Halbsträucher strahlen immer eine kultivierte und stilvolle Aura aus und schenken aromatischen Duft zur Entspannung.

Blüte: Juli/August. Dunkelblaue bis violette Blütenähren auf langen Stielen.

Standort: Volle Sonne. Trockener und warmer Platz auf durchlässigem, kalkhaltigem, sandig-lehmigem Boden.

Pflege: Lavendel im Spätsommer gleich nach der Blüte um ein Drittel oder sogar bis zur Hälfte zurückschneiden, bis kurz über den alten verholzten Teil, sonst bleibt er nicht in Form.

Verwendung: Ein anmutiger Klassiker für viele Beete, der mit seinem aparten Farbkontrast von blauen Blüten und Silberblättern ein Hauptdarsteller im Garten sein kann. Für den eleganten Garten zählt allerdings hauptsächlich seine ganzjährig kühl distinguierte Silber-Präsenz. Lavendel ist ein stets niveauvoller Begleiter für Stauden und Rosen und glänzt vor allem als Randbepflanzung von zeitloser Eleganz und Würde. Er ist eine Lichtgestalt, die einem Garten auf feine Art internationales Flair verleiht. Als mediterraner Botschafter setzt er sein Aroma in den Garten und verwandelt Kübel in duftende Inseln.

Varianten: 'Staudenhochzeit' blüht, wie im romantischen Namen anklingt, weiß. Mit seinen filzig silbernen Blättern und den 50 cm hoch schwebenden Blütchen mutet 'Staudenhochzeit' wie ein hauchzarter Brautschleier an. Dieses sanftmütige Geschöpf bezaubert mit fast scheuer Eleganz. *L. latifolia*, der Speik-Lavendel (40–50 cm), bildet einen kugeligen Busch und erweckt mit beeindruckend breiten, puderig bereiften Blättern den Eindruck von echtem Silberglanz. Seine Blütenstiele sind verzweigt und mit edel violetten Blüten gekrönt. Er benötigt Frostschutz.

Lavendel wird wegen seiner Blüten und seines köstlichen Duftes von Gärtnern geliebt. Sein ganzjähriges Silberlaub ist ein zusätzliches Geschenk für elegante Gärten.

Silbriges Lungenkraut, *Pulmonaria*-Hybride 'Majeste'

Wuchs: 25–30 cm. Wie blitzende Schwerter geformt, wölben sich die hell schimmernden Blätter aus der Pflanzenmitte heraus. Sie funkeln nobel wie Sterling-Silber. Die silbrig gefärbten Blätter der Staude könnten von einem Pflanzendesigner erfunden sein! 'Majeste' überzeugt durch immense Präsenz im Beet und leuchtet in milden Wintern ohne Unterbrechung.

Blüte: Wer interessiert sich bei einem solch perfekten Silberlaub schon für die eher spärlichen, blauen Trichterblütchen, die von März bis Mai erscheinen?

Standort: Halbschatten bis Schatten. Humusreicher, fruchtbarer, feuchter, aber nicht staunasser Boden.

Pflege: An geeignetem Standort keine. Bei Trockenheit wässern, sonst anfällig für Mehltau.

Verwendung: »Ihre Majestät«, die Schatten-Queen, ist von aristokratischer Eleganz. Sie bringt kristallartigen Glanz in trübe Schattenbereiche. Eine Sammlung solcher Silber-Schönheiten wirkt wie die kostbare Auslage eines Juweliers und verwandelt Schattenmelancholie in sprühende Lebensfreude. Mit silbernem Kaukasusvergissmeinnicht kombiniert, öffnet sich eine wahre Schatzkiste voller anregender Lichtreflexe.

Varianten: 'Opal' schillert mit großflächigem Silberlaub wie der namensgebende Edelstein. Die getupften Silberflecken sitzen so dicht, dass sie ineinander stellenweise verlaufen und eine glitzernde Juwelenoberfläche bilden. Was für eine brillante Starbesetzung für den Schattenbereich? *P. officinalis* 'Sissinghurst White' brilliert mit silbrig gefleckten Blättern und öffnet dazu reinweiße, anmutige Blütchen. Zusätzliche Aufheller im Frühjahr.

Die neuen *Pulmonaria*-Hybriden wie 'Majeste' mit ihren attraktiv panaschierten Blättern sind ein inspirierender Fundus für den schattigen Garten. Die scheinbar kunstvoll positionierten hellen Bereiche der Blätter bilden besonders bei Massenpflanzungen einen Zauberteppich von erstaunlicher Energie für sonst eher unbeliebte Gartenbereiche.

Silberblättriges Heiligenkraut, *Santolina chamaecyparissus*

Wuchs: 10–60 cm Höhe. Meist aufrechter, manchmal liegender Halbstrauch, der eine helle Silberfarbe erstrahlen lässt. Die fein gefiederten Blättchen sitzen schuppenartig dicht gedrängt und duften sehr aromatisch.

Blüte: Juni bis August. Die lang gestielten tiefgelben Blütenknöpfchen stehen einzeln und endständig. Sie legen einen lockeren Goldglanz über das halbkugelförmige Silberpolster der Pflanze.

Standort: Vollsonnig. Trockene, warme, durchlässige und sandige Böden. Das Heiligenkraut liegt gerne in der Sonne, besonders an warmen Steinen.

Pflege: Auf nährstoffreichem Boden kippen Heiligenkräuter leicht um und sind nur kurzlebig, daher dort besser nicht düngen. Die Frühjahrspflanzung wird empfohlen. Nach der Blüte ist, wie bei Lavendel, ein kurzer Schnitt ratsam, damit der Halbstrauch die kompakte Form hält; im Austrieb (April) ebenfalls zurückschneiden.

Verwendung: Heiligenkraut tummelt sich gerne in der Nachbarschaft mediterraner Pflanzen mit ähnlichen Ansprüchen wie z. B. Lavendel, Ysop oder Salbei und verwandelt das Beet in ein silbernes Vlies mit sehr eleganter Wirkung von nah und fern. Es verträgt ein wenig Formschnitt und lässt sich daher gut zu Einfassungen formen, die wie ein Silberrahmen ein Beet umkränzen. Das goldene Blütenmeer und die feine Silberfarbe machen das Heiligenkraut am richtigen Standort zu einem eleganten Kleinod, das sich gerne auf wärmende Wegplatten legt.

Varianten: *S. rosmarinifolia* 'Primrose Gem' (30–40 cm) trägt über den silbrig grünen Schmuckblättern große goldene Blütenköpfchen, die wie Edelsteine strahlen. Winterschutz ratsam.

Besitzt man einen warmen und trockenen Standort im Garten, ist das Silberblättrige Heiligenkraut ein echter Silber-Schatz. Besonders attraktiv wirkt der mediterrane Halbstrauch, wenn er zu Halbkugeln getrimmt wird, die wie Silberbälle durch den Garten zu rollen scheinen. Formschnitt fördert einen kompakten und attraktiven Wuchs: Diese Pflanze ist ein Blickfang für alle Jahreszeiten.

Woll-Ziest, *Stachys byzantina*

Wuchs: Höhe 30 cm. Charakteristisches Markenzeichen sind die flaumig filzig behaarten, silbrigen Blätter, die gerne liebevoll als Eselsohr und in England als »lambs ear« bezeichnet werden. Im Frühsommer webt Woll-Ziest dicht geschlossene, lebendig und bewegt wirkende Teppiche, die ein toller Blickfang sind.

Blüte: Altmodisch bezaubernde, rosig wollige Blütenbällchen erscheinen im Juli und August. Sie erinnern zusammen mit dem Silberlaub an eine feine, elegante Landlady.

Standort: Sonnig. Durchlässiger, nährstoffarmer Boden. Verträgt keine Staunässe.

***Stachys byzantina*, der Woll-Ziest, ist der treueste Partner für den Silber-Gärtner! Aber ein guter Freund möchte gut behandelt werden. Er verabscheut Staunässe und braucht unbedingt einen durchlässigen, eher mageren Boden, um zu gedeihen. Seinen herrlichen Silber-Charme kann Woll-Ziest besonders gut entfalten, wenn er in größeren Gruppen gepflanzt wird. Seine Lieblingsposition liegt am Beetrand, wo sich die wolligen Silberstängel dem Betrachter entgegenneigen und zum Streicheln der samtweichen Blätter einladen.**

Pflege: Um gutes Wachstum zu garantieren, bei fettem oder feuchtem Standort auf jeden Fall einen Bodenaustausch vornehmen und groben Sand, Kies oder Splitt mit einbringen.

Verwendung: Die äußerst vielseitige und besonders silbrig leuchtende Staude ist der Liebling in englischen Gärten: das Silber-»Must«. Ihre noble Farbe passt in ihrer vornehmen Zurückhaltung ebenso gut zu sanftem Farbenspiel wie zu leuchtendem Kolorit. Ob wirkungsvoller Teppich, schimmernde Drift-Reflexe im Beet oder aufgereiht als helle Einfassung, die Silberohren und ihre wolligen Blütenstände strahlen schon von weitem. Am Rand des Beets reizen die flauschigen Blätter zum Streicheln – ein sehr sinnliches Erlebnis.

Varianten: 'Big Ears' ist mit bis zu 25 cm großen, grauweißen, samtweichen Ohrenblättern trotz kleiner Blütchen richtig en vogue. 'Cotton Boll' trägt flauschige, weiße Blütenbällchen auf stattlichen Stielen, während 'Silky Fleece' niedliche Kissen von nur 5 cm Höhe bildet und ideal für Pflanzschalen und Tischgärtchen geeignet ist. 'Silver Carpet' entwickelt kaum Blüten und ist eine hervorragende Züchtung für geschlossene, einheitliche Blattteppiche insbesondere in weißen oder silbernen Gärten.

Silber-Königskerze, *Verbascum bombyciferum*

Wuchs: Eine imposante Gestalt von 150 bis 200 cm Höhe. Die stattliche Modelathletin gedeiht oft nur zweijährig oder kurzlebig, ist aber in jeder Lebensphase eine Augenweide. Im ersten Jahr wird zunächst eine malerische Silberblatt-Rosette gebildet, aus der sich im Folgejahr der olympisch mächtige Fackelhalter eindrucksvoll emporschiebt. Ihre kolbenartigen gelben Blütenstände und die grauweiße Filzbehaarung lassen die eindrucksvolle Pflanze glanzvoll leuchten.

Blüte: Juni bis August. Wie Kerzenschein leuchten die goldfarbenen Blütenschalen, die an meterlangen aufrechten Stängeln aufgereiht sind.

Standort: Sonnig. Warmer, trockener und durchlässiger Boden. Als anspruchslose Asketin liebt sie mageren, sandigen Geröll- und Mineralboden.

Pflege: Nach der Blüte stirbt die Pflanze meist ab, hat sich vorher jedoch in der Regel großzügig versamt. Mäßig frosthart, eventuell vor Winternässe schützen.

Verwendung: Die graue Eminenz mit den Gardemaßen zieht alle Blicke auf sich und braucht eine Gartenarena. Um sie in ihrer ganzen Pracht bewundern zu können, muss man diese Lichtgestalt von Ferne sehen. In breiten und tiefen Bordern setzt sie mit ihren sonnengoldenen Fackeln strahlende Höhepunkte majestätischer Eleganz. Die königliche Mischung von Silber und Gold in Kombination mit der aufregenden Silhouette bringt Glamour ins Beet. Nur die ellenlangen Stockrosen können Kollegen auf gleicher Augenhöhe sein.

Varianten: *V. olympicum* hat faszinierende, mehrfach verzweigte, kandelaberartige Blütenschäfte und bringt damit Volumen ins Beet. *V. densiflorum*, die Großblütige Königskerze (150 cm), erzielt mit stattlichen, dichten und wenig verzweigten Blüten edlen Kerzeneffekt. Die Weiße Königskerze, *V. nigrum* 'Album' (100–120 cm), wirkt als prachtvolle Solitärstaude in kleineren Beeten besonders kühl und vornehm elegant.

Die stattlichen Silber-Königskerzen erheben sich aristokratisch und sind leuchtende Blickfänge im Beet, egal ob im ländlichen Cottagegarten oder wie hier im modernen Design eines Gartens auf der *Chelsea Flower Show*.

Edel schimmerndes Silber im Beet

Silberpflanzen zaubern voller Anmut weiche Farbakzente in sonnige Beete und untermalen wie dezenter Silberschmuck zurückhaltend eine feine Eleganz. Sie schenken schattigen und dunklen Standorten stilvolle Reflexe, ähnlich den Strahlen eines milden Mondlichtes.

Im Garten einer englischen Lady

Das harmonische Zusammenspiel der rundlichen roséfarbenen Rosen der Sorte 'Mary Rose' mit den Silberspitzen der leuchtenden Silberrauten *(Artemisia ludoviciana)* 'Valerie Finnis' (Foto rechts) strahlt herrlich feminine Eleganz aus. Noble englische Damen lassen grüßen. Kein Wunder, denn das charmante Beetarrangement ist im Rosengarten von Sissinghurst Castle zu bewundern.
Intensiv silbrige Artemisien-Blätter bilden trotz ihrer Lanzettform durch ihre charmante Anordnung einen vollendet weiblichen Schmuck. Wie eine Stola umschmeichelt der große Silber-Tuff die Rosenbeine und erlaubt Blüten und Blättern der Rose sich in Ruhe und Gelassenheit zu präsentieren. Das dezente Lila der kleinen Blütenbällchen des Zwiebelblühers fördert den entspannten Zusammenklang von Silber und Rosenquarz als gekonnt abgestimmtes Farbenspiel.

Mit silbrigen Blättern und Stängeln untermalen die filigran aufstrebenden Lichtnelken *(Silene coronaria)* stilvoll das Farbenspektrum. Doch ihre frech pinkfarbenen Blütchen recken sich keck nach oben und stehen für das versteckte Temperament, die verborgene, muntere Seite des so gesittet wirkenden Damen-Beetes. Das intensive Salbeiblau im Hintergrund unterstreicht diese Lebenslust und die stimmungsvolle Romantik des Gartens.
Dieser Zusammenklang ist ein herrliches Beispiel der charmanten Gartenkunst Englands. Er zeigt den Höhepunkt üppiger Blütenpracht, den wir Gärtner so lieben.
Dieses damenhafte Beet verfällt aber nicht in Langeweile, weil unterschiedliche Blattformen, wie z. B. die lanzenförmigen Blätter der Schwertlilien, belebend wirken und mit ihrer hellgrünen Farbe Frische spenden.
Durch Wiederholungen von rosafarben Blüten in unterschiedlicher Höhenstaffelung bewirkt man eine freundliche Gelassenheit.
Die überbordende Randbepflanzung schäumt auf den Plattenweg und verleiht dem Beet weibliche Konturen. Insgesamt strahlt die Beetkomposition eine wundervolle Balance aus und das sanfte Selbstverständnis einer echten Lady, die ihren Platz im Leben gefunden hat und es genießt.

Die feminine Verbindung von Silber und Rosé ist ein Klassiker englischer Beetkunst und mit ihrer lieblichen edlen Ausstrahlung von zeitloser Eleganz.

Feminine Farben-Liaison

Eine ladylike, feine Verbindung ist Silber und zartes Violett (Foto Seite 27 rechts), sie sieht stets modisch und erlesen aus. Der violettfarbene Rittersporn *(Delphinium)* vereint Ying und Yang oder das Männliche und das Weibliche in perfekter Harmonie: Sein stolzer, aufrechter, ritterlicher Wuchs und die gefüllten Blütenschalen halten sich in voll-

Einjähriger Mohn zaubert mit delikaten, aparten Blüten, blausilbernen Blättern und reizvoll gekrönten Samenkapseln natürliche Eleganz und fragilen Charme in viele Beete.

kommener Balance. Die ungewöhnliche und besonders ausgefallene *Delphinium*-Pacific-Hybride 'Astolat' beeindruckt mit großen Blüten und einer für Rittersporn seltenen Farbe. Als ausgesprochen aparte Schönheit ist sie ein etwas kapriziöses Geschöpf und bedarf ganz besonderer Aufmerksamkeit vonseiten der Gärtnerin oder des Gärtners. Wie bei allen Rittersporнarten sind Schnecken für den Austrieb eine große Gefahr.
Als Starkzehrer braucht Rittersporn reiche Gaben an organischem Dünger und er sollte alle drei bis vier Jahre geteilt werden, um ihn vital zu erhalten. Am vollsonnigen Standort entfaltet er seine ganze Blütenpracht und verausgabt sich nach einem Rückschnitt mit einem zweiten Flor im Herbst. Da Pacific-Hybriden anfällig sind für Windbruch, ist ein geschützter Standort oder ein rechtzeitiges Stäben wichtig. Prachtvoll wie funkelnder Amethyst wirkt eine Gruppe des lila Ritters zusammen mit dem intensiven Silber des Greiskrauts *(Senecio cineraria)*. Die gefiederten, dicht filzig behaarten Blätter reflektieren das Licht wie Sterling-Silber und bilden eine kunstvoll geschmiedete Fassung für die violetten Edelsteine. Ein wahrhaft extravagantes Schmuckstück für das elegante Beet einer ambitionierten Gärtnerin.

Gekrönte Häupter

Eine ähnlich geniale Farbenkombination liefern einjährige Mohnsorten *(Papaver somniferum)*, die in vielen aparten Farbtönen, von Rosa über Violett bis Purpur, angeboten werden. Einfach an Ort und Stelle ausgesät, recken sich scheu nickende Knospen in die Höhe und öffnen sich graziös zu zartfarbenen Blütenschwänen. Die puderig bläulichen Blätter und vor allen die silberfarbenen Samenkapseln, die wie Prinzessinnen Goldkrönchen tragen, bezaubern durch Grazie und Lieblichkeit. Die fragilen Mohngeschöpfe wandern von ganz allein durch die Beete und verbreiten überraschend Eleganz, wo immer sie erscheinen.

Die violettfarbene Rittersporn-Hybride funkelt mit ihrer changierenden Blütenkerze wie ein wertvoller Amethyst und ist, einer feinen Brosche gleich, von silberfarbenem Greiskraut gefasst.

Silberschmuck mit blauen Edelsteinen

Die Verbindung von Silber und Blau ist in der Schmuckherstellung ein stilvoller und sehr beliebter Klassiker. Kühle Noblesse geht von ihr aus und bringt eine erstaunlich frische Jugendlichkeit und Gradlinigkeit auch bei der Verwendung im Beet: Eleganz pur. Blau steht für Treue und Loyalität, wirkt beruhigend, besänftigend und entspannend. Immer umweht Blau der Hauch von Weisheit und Freiheit.
Karl Foerster widmete sein Buch »Blauer Schatz der Gärten« seiner Leidenschaft für den blauen Flor vom Vorfrühling bis zu Herbst. Blau sei nicht nur Farbe, sondern Lebensgefühl. Er postuliert: Richtige Pflanzennachbarn wirken so stark, dass man sich die Teilnehmer gar nicht mehr getrennt vorstellen kann. »Eine Farbe pflanzen ohne raffinierten Bezug auf eine andere heißt, ihr Bestes zu verlieren.« So grüßen als Traumpaar: Blau und Silber. Für einen starken Auftritt empfiehlt der deutsche »Staudenpapst«, die Pflanzenpartner in ausreichender Zahl zu setzen, um auch eine gute Fernwirkung zu erzielen.

Glänzendes Gartenschmuckstück

Die Edeldistel *(Eryngium × oliverianum)* zieht wie ein funkelnder Silberstreif durch die beiden Blautöne dieses exklusiv anmutenden Beetes (Foto links). Ihre kostbare Silberfarbe mit dem bläulichen Pinselstrich gibt den sternartigen Blütenständen Glanz und Gloria und lässt sie wie kleine Silber-Feuerwerke glitzern. Edeldisteln werden auch gerne als »Mannstreu« bezeichnet und der Name unterstreicht den feinen blauen Unterton der attraktiven und ausdauernden Pflanze. Für diesen treuen Beet-Husaren gibt es viele hervorragende blaue Partner. Ein Beet-Klassiker ist Lavendel. Seine blauen Blütenrispen changieren je nach Sorte von einem zarten Aquamarin über lapislazuliähnliche Mischtöne bis zum kostbaren tiefen Blau von Saphiren. Jede Verbindung von Silber und Lavendel ist ein Blickfang voller Harmonie und schenkt Beeten im Sommer optische Kühle, ohne »cool« zu wirken. Lavendel ist zu jeder Jahreszeit ein sehr eleganter Beetschmuck. Dazu trägt die eigene silbrige Belaubung bei, die Lavendel auch nach der ausdauernden Blüte zu einer wertvollen Strukturpflanze für den Beetvordergrund macht. Der silbrige Lavendel bringt sich, zu gefällig abgerundeten Kissen geschnitten, sogar als idealer und stets eleganter Winterschmuck ein.

Die Edeldistel wäre durchaus offen für andere blaue Partner. Etwas strenger erscheint eine Kombination mit straff aufrechtem blauem Sommersalbei *(Salvia nemorosa)*, etwa der Sorte 'Blaukönigin'. Das feste Rückgrat lässt ein Beet zu einer eher maskulinen Variante werden – eine

Blau und Silber im Beet strahlen stets die Noblesse von Schmuckstücken mit funkelnden Edelsteinen aus. Lavendel und Edeldistel sind ein wunderbares Traumpaar von kühler und subtiler Eleganz.

echte Männerfreundschaft. Eine sanftere blaue Wahl wäre die unkomplizierte Katzenminze *(Nepeta × faassenii)*, die in der vollen Sonne prächtig gedeiht. Diese graulaubige Staude bleibt niedrig und eignet sich mit ihren Polstern gut zur Randbepflanzung. Die violettblaue Sorte 'Walkers Low' ist mit rund 60 Zentimeter Höhe etwa doppelt so hoch wie die Ausgangsform und erzielt in länger gestreckten Drifts wunderbare blaue Blütenbänder.
Für die bei uns noch seltenen Silberdisteln bietet sich als pflegeleichte Alternative die Silberraute (*Artemisia*-Hybride) 'Powis Castle' an. Deren fiederteilige, fedrige Blätter gleichen durch ihren filigranen Wuchs einem zarten Silberbrokat. Die nahe verwandte Varietät *(A. absinthium)* 'Lambrook Silver' hat ähnliche Qualitäten, während *A. schmidtiana* einen niedrigen silbrigen Haarteppich bildet. Schmucke Silber-Blau-Kombinationen lassen sich leicht mit vielen anderen Pflanzpartnern verwirklichen: Dem »Silberschmied« unter den Gärtnern sind für elegante Beete keine Grenzen gesetzt.

Tanz mit dem Silber

Ein Beet wie ein Walzer, das mit Schwung und diskreter Eleganz den Rasen entlang rollt (Foto rechts). Die runden Formen der Gehölze korrespondieren harmonisch mit den Tuffs von Silberstauden und bitten blaue Blüten zum Gartentanz. Wie ein Orchester stehen sie im Hintergrund: als Kontrabass die blausilbrige Atlaszeder und der rotblättrige Strauch als kraftvolle Pauke. Für den herrlichen, bergspitzenförmigen Silberstrauch aus Neuseeland müssen wir allerdings in unseren Breiten einen winterharten Ersatz suchen, z. B. ein in pyramidaler Form geschnittener Spindelstrauch *(Euonymus fortunei)* der Sorte 'Silverstone'. Oder man wählt eine Weidenblättrige Birne *(Pyrus salicifolia)* der Sorte 'Pendula', deren malerisch herabhängende Zweige mit ihren Silberblättern an einen glitzernden Wasserfall erinnern.

Bühne frei für Solisten

Der rechts im Bild stehende aufrechte Schmetterlingsstrauch *(Buddleia davidii)* wird manchmal etwas abschätzig als »Ruderalpflanze« abgetan. Aber 'Empire Blue' hat mit seinen Silberblättern und den blauen Blüten einen aristokratischen Auftritt und rechtfertigt sein Dasein in einem eleganten Beet. Zudem zieht er in Scharen aparte Schmetterlinge an. Anstatt in Drifts wurden die Stauden, z. B. blauer Sommersalbei, hier als Solisten gesetzt oder in runden Kleingruppen, wie die violette Prachtscharte *(Liatris spicata)* 'Kobold'. Mit tänzerischer Leichtigkeit scheinen sich alle Partner umeinander zu drehen – ohne schwindelig zu werden, denn die Farbwahl bleibt immer in der gleichen Tonart. Das fließende Pflanzarrangement suggeriert einen Klang, dessen man ebenso wenig müde wird wie eines unendlichen schwungvollen Wiener Walzers. Kleine Details runden die gelungene Eleganz dieses Beetes ab. Im Vordergrund scheinen die niedlichen lila Blütenkörbchen der Schleier-Verbene *(Verbena bonariensis)* auf fast unsichtbaren Antennenstäben zu schweben. Sie lockern die Bepflanzung heiter auf. Ihr leichtes Spiel im Wind bringt ballettartige Bewegungen ins Beet. Die Schleier-Verbene hat sich zu einem Liebling in Hochsommergärten entwickelt. In Massen gepflanzt, führt sie einen berauschenden Tanzreigen auf. Schneidet man sie im Austrieb zurück, erwächst aus einem Exemplar ein ganzes Ensemble schwingender Blütenknöpfchen. So kommt Musik ins Beet.

Ein Beet wie ein Walzer! Das schwungvolle Arrangement aus vornehmlich rundlichen Pflanzenstrukturen schwingt in harmonischem Rhythmus untermalt von blauen Blüten-Reflexen.

Kühl und puristisch

Die wollig weißen Flauschblätter des Woll-Ziests mit ihrem Hauch von Silber sind mit den rein weißen Blüten des Silbertalers in entspannter Harmonie vereint.

Silber und Weiß sind eine exquisite, ja die absolut reinste Verbindung für elegante Beete. Fast gänzlich ohne Farbe entsteht ein Purismus, der zeitgemäß ist und doch nachhaltigen Schmuckwert verspricht. Denn dieser Stil unterwirft sich keiner Mode, ist zeitlos und solche Beete scheinen frei im Raum zu schweben.

Dezente Eleganz

Die weiß bereiften Blätter in dieser Kombination (Foto links) gehören dem Woll-Ziest *(Stachys byzantina)* und sind bei Gartengestaltern auf der ganzen Welt beliebt. Sein deutscher Name wird jedoch nicht gerne verwendet, weil er viel zu bieder klingt für diese wertvolle und aparte Staude, den Star der Silber-Szene. Die flauschig filzige und dichte Behaarung der Blätter lässt Gruppenpflanzungen optisch zu einem geschlossenen Silberteppich verweben. In trockenen Beeten glänzen die liebevoll als Esels- oder Hasenohr bezeichneten Stauden gerne als Beeteinfassung, die kuschelweich wie Kaschmir wirkt. Man möchte immerzu ihre flaumige Oberfläche streicheln.
Die Blüten sind meist nur von untergeordneter Bedeutung für die Beetgestaltung. Daher gibt es bereits die Zuchtform 'Silver Carpet', die fast keine der rosafarbenen Blüten aufweist. Sie wurde speziell für weiße Gärten entwickelt und andere, in denen es nur um Blattschmuck geht. Die hier abgebildete Sorte, dank ihrer großen Ohren 'Big Ears' bezeichnet, ist ein neuzeitlicher Liebling der Gartenszene. Ihre großen Blätter bieten genügend Substanz, Fülle, Höhe und Farbe, um zeitgenössischen Arrangements echten Silberglanz zu verleihen.

Die weißen, hübsch geviertelten Blüten des Silbertalers *(Lunaria annua)* 'White Honesty' erscheinen als üppige Blütenstände im Spätfrühling und verwöhnen zudem mit einem betörenden Duft, der nachts ausströmt und die Dunkelheit versüßt. Das Zusammenspiel des Silberflauschs mit den reinweißen Blüten ist eine gelungene Frühjahrskombination. Wie Lichtgestalten hellen beide Partner die Beete elegant auf. Besonders attraktiv sind auch die Samenstände des Silbertalers, die der Pflanze ihren Beinamen »Judastaler« eingebracht haben. Unter den Samenschalen wird das Korn von doppelseitigen, pergamentpapierähnlichen Häutchen bedeckt. Nach dem Trocknen entsteht eine helle, glänzende Oberfläche, die dem Silbertaler seinen Namen gab.

Eine Symphonie in Silber

Welch vollendete Garten-Oper in Silber! Ein Concerto grosso auf kleinem Raum, das an Eleganz kaum zu überbieten ist (Foto rechts). Dieses aparte Beet spiegelt eine perfekte Garten-Arie wider und bietet höchsten Genuss. Es zeugt von einer genialen Gärtnerhand. Unterschiedliche Stauden schwingen in Drifts von vollkommener Harmonie miteinander, erheben sich gegenseitig, ohne sich zu übertrumpfen. Dazu leuchten die weißen Blüten mit engelsgleicher Reinheit und strahlender Noblesse. Das charakterstarke Beet strahlt Würde und eine vornehme Haltung, ja eine Seelenruhe aus: ein Frieden, der den Garten krönt. Im rechten Vordergrund fangen die Blüten der Weißen Lichtnelken *(Silene coronaria)* 'Alba' die Sonnenstrahlen ein. Ihre silbrigen, fragilen Stängel gestalten einen transparenten Bühnenvorhang. Der Römische Wermut *(Artemisia pontica)* links davon wächst wie ein Wäldchen aus schlanken Miniatur-Tannenbäumchen empor, die in einem gedeckten Silbergrün das Auge zurückhaltend in das Beetbild hineinführen.

Das Credo der großen Gartenkünstlerin Gertrude Jekyll war, ein Beet müsse wie ein gutes Gemälde aufgebaut sein. Es kommt nicht nur auf die gelungene Farbwahl, sondern auch auf die Form des »Pinselstrichs« an. Ein Verdienst der berühmten Gartengestalterin war es, Anfang des 20. Jahrhunderts eine Renaissance der Silberpflanzen bewirkt zu haben. Sie hat damit einen Trend ausgelöst, der bis heute anhält.

Hinter dem mittigen, kleinen Tuff aus Filzigem Hornkraut *(Cerastium tomentosum)* leuchtet ein Silberdrift bestehend aus der Silberraute *(Artemisia ludoviciana)* 'Valerie Finnis'. Mit ihren scharf eingeschnittenen Blättern besitzt sie eine markante Textur und bildet als geschlossener Drift eine zentrale, sehr präsente Struktur, um die sich die anderen Beetpartner zwanglos scharen. Eine kleine Welle von weißem Storchschnabel *(Geranium)* zieht die Sonnenstrahlen magisch an, ebenso wie die im Hintergrund leuchtende Dreiblattspiere *(Gillenia trifoliata)*. Diese graziöse Wildstaude hat sich zu einem Star unter den neu entdeckten Stauden entwickelt. Kein Wunder, denn geschmückt mit elegantem Blattwerk, trägt sie auf schlanken Stielen reichverzierte Rispen wie einen weißen Blütenschleier. Das rötliche Blattwerk lässt die Staude in einem zarten Rosa glimmen, das dem silber-weißen Beet den warmen Schimmer von abendlichen Sonnenstrahlen schenkt. Einige Silberdisteln korrespondieren mit dem straffen Laub der Silberraute 'Valerie Finnis'. Scheinbar weich und geschmeidig bilden die geschwungenen Oberflächen der Pflanzenhorste einen zarten Kissen-Effekt.

Das Silberbeet würde auch einem weißen Garten sehr gut stehen. Seine niveauvolle und makellose Eleganz ist von bleibender Schönheit. Die Schriftstellerin Vita Sackville-West erkannte einst, dass das menschliche Auge in der Nacht nur die leuchtenden weißen Blüten und silbrige Blätter wahrnehmen kann. Sie legte ihren legendären »Weißen Garten« an, um bei nächtlichen Gängen durch ihren Garten sich an dem stilvollen Schimmern zu erfreuen und sich an der Magie von hellen, geheimnisvollen Mondnächten zu berauschen. Wegen der großen Ästhetik und der nächtlichen Sinnlichkeit ist ein weißer Garten heute zu einem beliebten Gartenthema geworden. Kein Wunder, denn ein solch poetischer Garten voller Anmut und Schönheit trifft mit seinem edlen Stil auch moderne Gärtnerherzen und ist von zeitloser Eleganz.

Das Silberbeet mit leuchtend weißen Blütchen ist eine superbe Gartensymphonie. Es besitzt eine große Strahlkraft und das gewisse Etwas – Ästhetik pur.

Die Sonnenlicht-Fänger

Silberpflanzen haben die wunderbare Eigenschaft, Licht jeglicher Stärke einzufangen und es zu reflektieren, um selbst geheimnisvoll zu leuchten. Ob es die milden, frühmorgendlichen Sonnenstrahlen, das letzte Glühen des Tages oder der milde Mondschein ist, Silberpflanzen ziehen Licht an und hellen Beete magisch auf.

Feiner Sommerglanz

Die wollig weißen Blütenbälle des Woll-Ziests *(Stachys byzantina)* sind wie auf einer Perlenkette aufgereiht (Foto rechts). Eine leichte Spur von Rosé auf den kleinen, einzelnen Lippenblütchen lässt die Blütenstände wie Perlmutt schimmern. Ihre fein behaarten Stängel vervollständigen den Glanz. Woll-Ziest ist eine der wertvollsten Silberstauden, weil das Spiel mit dem Licht auf vielfältige Weise inszeniert wird. Die hellen Flaumhaare der elegant geformten Blätter nehmen das Licht auf, um sich zu einem lebendigen Gesamtbild zu vereinigen. Wollziest liegt gerne in der Sonne und hat ein robusteres Naturell, als der zarte Habitus es vermuten ließe. Eingestreutes Gras gleicht feinen Haaren und unterstreicht als Kontrast mit seiner feinen Längstextur den wolligen Charakter des Ziests.

Gold und Silber nebeneinander wirken wie ein kostbarer Garten-Schatz, der vielseitig einsetzbar ist. Goldfelberich *(Lysimachia punctata)* hat seine Blütenquirle in munteren Etagen angeordnet und blüht unermüdlich in klarem Goldgelb. Das Zusammenspiel von Edelmetalltönen hebt die Wertigkeit eines Beetes. Dabei sind beide Pflanzen in ihrer ursprünglichen Verwendung kernige Bauerngarten-Bewohner. Aber in diesem kultivierten Kontext streifen sie ihre ländliche Herkunft ab und geben sich mit fast mondänem Chic. Simple Pflanzen in der Bicolor-Optik edler Metalle schaffen mit leichter Hand hochwertig anmutende Kombinationen.

Im Hintergrund thront in üppiger Pracht der Riesenknöterich *(Persicaria polymorpha)*. Ein weiteres kraftstrotzendes Landkind, das sich seinen Weg in substantielle Beete mit eleganter Ausstrahlung gebahnt hat. Ein solches Prunkstück braucht viel Platz und erwartet als stolzer Solist einen Freiraum von drei bis vier Quadratmetern. Zunächst baut sich der Riesenknöterich mit seinem wunderschönen, ebenmäßigen Blättergewand zu einem erstaunlich voluminösen Prachtkerl auf. Im Juni schieben sich die fedrigen, cremeweißen, spitzen Blütenripsen

Der Woll-Ziest ist der Silberpflanzen-Klassiker für das elegante Beet und zieht jegliches Licht magisch an, um es als aparte Reflexion wieder auszusenden.

empor und blühen als strahlender Lichtfang den ganzen Sommer hindurch. Die helle Blütenwolke als »Queen of Cream« zieht die Blicke von weitem auf sich und erleuchtet die umgebende Bepflanzung.

Diese nachhaltige Pflanzenkombination mit ihren unkomplizierten Mitgliedern zeigt, dass Eleganz durchaus mit einer großzügigen Lässigkeit gepaart sein kann. Nicht nur empfindliche »Stauden-Zicken«, die ständig um Aufmerksamkeit und Zuwendung ringen, sondern auch die einfachen Pflanzen, die überall zu haben sind, können zu einem individuellen und schicken Beet verbunden werden. Das Geheimnis dieser Pflanzung sind die hellen Blüten und Blätter, die geschickt das Licht fixieren und hinreißenden Glanz verbreiten. Sie ist eine hervorragende Lösung für Gartenanfänger, die ein tiefes Beet kostengünstig und trotzdem kostbar gestalten möchten. Dies ist »easy gardening« für Eleganz im Beet.

Haute Couture im Garten

Steppenkerzen, die auch mitunter Kleopatra-Nadeln genannt werden, sind die Super-Models im Beet (Foto S. 35). Auf sehr hohen und sehr schlanken Beinen schweben die exklusiven Geschöpfe auf dem Garten-Laufsteg und sind ein echter »Show-

Stopper«. Sie gehören zu den apartesten Erscheinungen in der Gartenmodewelt. *Haute Couture* im Garten verbindet Luxus mit Extravaganz. Nur langbeinige Amazonen verkörpern solch höchste Ansprüche.
Dies verhält sich im eleganten Beet nicht anders. Die Steppenkerze *(Eremurus robustus)* erreicht ein Gardemaß von mehr als zwei Meter Höhe. Etwas kleiner bleiben die gelb blühende *E. stenophyllus* und die pfirsichfarbenen Sorten von *E.* × *isabellinus*. Die Blütenschweife werden bis zu einen Meter lang und blassen im Verblühen oft auf. Steppenkerzen sind eindrucksvolle, imposante Erscheinungen und empfehlen sich als Solitärstauden. In kleinen Gruppen bilden sie ein Glamourobjekt, das nie seine Wirkung verfehlt. Ein dunkler Hintergrund wirkt wie eine Bühne, die den faszinierenden Steppenkerzen einen perfekten Auftritt ermöglicht: Charisma pur. Solchen Luxusgeschöpfen verzeiht man gerne, dass sie sich nur mit einem optimalen Standort zufrieden geben. Ein sonniger Platz, sehr durchlässiger Boden und eine flache Pflanzgrube, in der die Knolle nicht tiefer als 15 Zentimeter sitzt, sind Pflichtprogramm.

Wunderschöne Blühpartner in dieser Rabatte sind Rosen in einem zarten Rosa, das die aparten Pfirsich- bis Apricot-Nuancen der Blühschweife der Steppenkerzen hier aufs Feinste untermalt. Das Silberbett, bestehend aus Silberrauten *(Artemisia ludoviciana)* der Sorte 'Silver Queen', verdeckt geschickt die weniger schönen Füße des Garten-Mannequins. Zusammen mit dem weißen Steppensalbei *(Salvia nemorosa)* 'Schneehügel' fungieren sie als dicht gewebte Unterpflanzung. Sie funktioniert wie das reflektierende Silbersegel eines geschickten Fotografen und fängt das perfekte Licht für das Blütengesicht des Stars ein.
Schlanke, vertikale Strukturen gleichen der Interpunktion eines Satzes. Ihre himmelwärts weisende Eleganz setzt klare Akzente und der ausdrucksstarke Formenkontrast zu den wolkigen Stauden bringt eine vibrierende Spannung in das Beet. Himmelsstürmer führen ein Beet in neue Atmosphären. Die hyper-eleganten Steppenkerzen sind die Stil-Ikonen im Beet und sind immer die kleine Sünde eines Kaufrausches wert. Aber es gibt noch eine Alternativ-Lösung für preiswerte und trotzdem eindrucksvolle Kerzeneleganz im Beet: die Silber-Königskerze *(Verbascum bombyciferum)*. Sie erreicht rund 180 Zentimeter Höhe und ihre filzigen Stängel sind von strahlendem Silber. Das Zusammenspiel mit den goldigen Blütchen, die sich als Goldfackeln präsentieren, ist edel und ästhetisch.

Pfirsichfarbene Steppenkerzen sind die Super-Models im eleganten Beet. Gardemaß und schlanke Stängelbeine sowie der exotisch attraktive Blütenschweif ziehen bewundernde Blicke auf sich.

Zeitgenössischer Chic

Die *Chelsea Flower Show* in London ist die größte Gartenschau der Welt und eine fortwährende Ideenschmiede für neues Gartendesign. Hier zeigen Gartenkünstler ihre innovativen Kreationen und Besucher holen sich Stimulation und Inspiration für den eigenen Garten. Diese drei silbrigen Meisterwerke demonstrieren moderne Pflanzenverwendungen, die auf erstaunlich kleinem Raum leicht gelingen.

Wasser-Zauberei

Wie bringt man aparte, aber trockenheitsliebende Pflanzen nah ans Wasser? Ganz einfach: Man setzt sie in geschlossenen Kübeln in ideale Substrate und die fertigen Behältnisse auf passende Sockel ins Wasser. Zwei symmetrische Flächen mit Blau-Schwingel *(Festuca glauca)* der Sorte 'Elijah Blue' zeigen den zeitgenössischen Trend, Gräser als ruhige Ornamente mit eigener Aussage zu verwenden. Wie ein Silbertablett setzt das stahlblaue Quadrat die geschmackvollen Kombinationen stilvoll in Szene. Silber und Blau erscheinen immer als erlesener Beetschmuck und schenken natürliche Eleganz. Die blauen Blüten von Iris und Lupinen sowie ihre silbernen Blattbegleiter scheinen zu einem delikaten Textil verwebt zu sein: Das ist der edle Stoff, aus dem moderne Gartenträume sind.

Eine neuzeitliche graphische Handschrift zeigt das grün-silberfarbene Beetdetail (Foto unten). Hier wird weniger mit Farbe als mit interessanten Pflanzenformen gespielt. Die wellige Struktur der grünen Gras-Hügelchen aus smaragdfarbenem Bärenfell-Schwingel *(Festuca gautieri)* tritt vor dem weißen Kiesbeet perfekt hervor. Auf der anderen Seite nimmt Woll-Ziest *(Stachys byzantina)* der Sorte 'Silver Carpet' die helle Farbe auf und interpretiert sie auf seine samtweiche Art neu. Die scharfen Schwertlilien-Blätter treten voller Dynamik aus der niedrigen Wolldecke heraus und erhalten durch das sprühende Gras eine fast explosive Kraft. Auf kleinstem Raum entsteht ein zeitgenössischer Chic, der herkömmliche Pflanzen durch den modernen Kontext in einem gänzlich neuen Licht erscheinen lässt. Ein verblüffend einfaches wie äußerst innovatives Klein-Kunstwerk im Beet.

Grafisches Pflanzen-Design

»Chelsea at it's best!« Ein wahrer Schaugarten, der den Betrachter mit einem völlig neuen Design in Erstaunen versetzt. Es ist

Oben: Raffiniert im Wasser versenkte Pflanzkübel garantieren einen nachhaltigen Erfolg mit eleganten Pflanzen, die sonst nur an einem trockenen Standort gedeihen.

Links: Wie eine graphische Zeichnung lassen sich moderne elegante Beete auch auf kleinem Raum mit aparten Strukturpflanzen fantasievoll verwirklichen.

ein zeitgenössisches, lebendes Kunstwerk, das man sich hervorragend auf der Dachterrasse eines hippen Wohnhauses in Londons angesagten Vierteln vorstellen könnte. Eine perfekte Inszenierung von Natur und Kunst mit geometrischer Exaktheit verkörpert einen aufregend »coolen« Stil des 21. Jahrhunderts. Das zugleich ruhige, kontemplative wie überraschend exotische Herzstück stellt ein modernistisches Medaillon dar. Eingerahmt wird der Kreis vom Schwarzen Schlangenbart *(Ophiopogon planiscarpus)* 'Niger'. Die von Natur aus absolut rabenschwarzen Riemchenblätter der Staude lassen die Pflanze wie ein Strukturgras wirken. Da Schlangenbart »immerschwarz« ist, würde diese originelle Anlage das ganze Jahr hindurch gleichbleibend makellos aussehen. Das lebende Kunstwerk ist natürlich ein Ausstellungs-Exponat. Auf Dauer würde der schattenliebende Schlangenbart nicht neben den graulaubigen Sonnenanbetern gedeihen.

Dicht an dicht gepflanzte Echeverien-Rosetten bilden die blausilberne Mittelfläche. Die sukkulente Pflanze verträgt leider keinen Frost. Sie wäre jedoch leicht durch silberfarbene Hauswurz zu ersetzen, etwa durch die *Sempervivum*-Arachnoideum-Hybride 'Silberkarneol', die wegen ihrer mit zarten Fäden übersponnenen Rosetten einen ähnlichen Gesamteindruck schaffen würde. Wie auch im *Chelsea*-Design würde man sehr, sehr viele Setzlinge brauchen, um den fulminanten Effekt zu erreichen. Einfacher gelingen würde er mit dem blausilbernen Blau-Schwingel-Gras, das eine mehr kissenartige, weiche Variante darstellen würde. Möchte man einen solch modernistischen Eindruck erzielen, kann dieses Design als Anregung dienen, selbst mit einem geometrisch schlichten Entwurf und flachen Strukturpflanzen zu experimentieren. Als kleine, supermoderne Installation lenkt diese brillante Idee ganz sicher bewundernde Blicke auf sich.

Besonders ausgefallen sind die hohen Pflanzkübel, die mit silbrig schimmernden Zinkplatten verkleidet sind, die kühlen Großstadt-Chic verkünden. Sie sind eine recht simple, jedoch sehr elegante Lösung für eine moderne Terrassen-Gestaltung und schenken neben vertikaler Eleganz einem Dachgarten etwas Sichtschutz für die gewünschte Privatsphäre. Die lebhafte und duftige Bepflanzung der Kübel mildert den sonst fast ins Statische abgleitenden Gesamteindruck angenehm ab und erinnert daran, dass es beim Gartendesign immer um ein lebendiges Medium geht. Die Pflanzen sind die Modelliermasse in den Händen des Gärtners, folgen aber ihren ganz eigenen Naturgesetzen. Auch bei sehr modernen Entwürfen dürfen die Anforderungen der Pflanzen nie außer Acht gelassen werden, sonst ist die Freude am neuen Beet nur von kurzer Dauer. Das Wohl der Pflanze ist auch im 21. Jahrhundert der zentrale Punkt einer Gartengestaltung.

Die jährliche *Chelsea Flower Show* in London treibt immer wieder erstaunliche Gartendesign-Blüten, die den kreativen Geist der Besucher beflügeln, wie diese silber-schwarze Pflanzen-Grafik beweist.

Schöne Schatten-Silhouetten

Eine elegante Gestaltung für ein schattiges oder halbschattiges Beet ist stets eine Herausforderung, die hier (Foto unten) dank bildschöner Blattschmuckpflanzen mit Bravour gemeistert wurde.

Seidiger Silberbrokat

Wie ein Gemälde sind Laubschönheiten um den zauberhaften Blickfang, den Japanischen Regenbogenfarn *(Athyrium nipponicum* var. *pictum)*, arrangiert. Das fernöstliche Kleinod ist von zarter Gestalt und legt seine graziösen Blätter zu einem stilvollen Fächer aus. Die filigranen Silberwedel-Fiederchen sind wie ein Regenbogen getuscht und schimmern in den Nuancen feinsten Edelmetalls. In Japan wird der Regenbogenfarn treffend Brokat-Farn genannt, was seine distinguierten Merkmale wunderbar beschreibt. Er steht gerne schattig und feucht in torfiger, humoser Erde. Die Prachtspiere (*Astilbe*-Arendsii-Hybride) 'Irrlicht' strahlt blitzend mit ihren schneeweißen, federartigen Blütenrispen aus dem Dunkel heraus. Sie verdient ihren bildhaften Namen, denn sie fängt das wenige Licht im Schatten und streut es wie eine Fackel aus. Astilben bringen Licht ins Dunkel und sind in vielen Rot- und Rosatönen fantastisch kombinierbar. Sie gehören zu den wenigen Stauden, die an halbschattigen Standorten auf Dauer blühfreudig bleiben. Smaragdgrünes, dekorativ gefiedertes Laub erhöht ihren Wert als elegante Schatten-Schönheit. Die machtvollen Struktur gebenden Blätter der *Hosta*-Hybride 'Devon Green' stehen wie ein schmückender Schutzwall im Hintergrund. *Hosta* werden auch Herzblattlilien genannt. Die im Vordergrund wachsende niedrige Sorte 'Invincible' (deutsch: unbesiegbar) mit ihren grünen Blattherzen verdeutlicht den Grund dafür. Dieses kleine *Hosta*-Herzchen lässt sich in der Tat nicht unterkriegen und bildet als gutmütiger Bodendecker im Schatten schöne Teppiche. Farne sind fragile und geheimnisvolle Geschöpfe, die die Stille und das Dunkel des Waldes mit ihren zauberhaft zarten Wedeln verschönern. Schon das pittoreske Entrollen der Farnwedel im Austrieb, aus scheinbar behaarten archaischen Schnecken, erscheint wie ein Wunder aus alter Zeit. Der aufragende, trichterförmige Schmale Filigranfarn *(Polystichum setiferum* 'Proliferum'), rechts im Bild, wirkt in Verbindung mit Wurzelstubben besonders authentisch. Dieser beliebte, wintergrüne Farn mit seinen fein gefiederten und elegant überhängenden Wedeln erreicht eine stattliche Größe von bis zu einem Meter. Auf dezente und zurückhaltende Weise dupliziert das Hellgrün der Wedel-Spitzen die aparte Form des Regenbogenfarns.

Das reizvolle Schatten-Arrangement mit den vielfältigen Silhouetten dreht sich charmant um den edelmetallisch schimmernden Regenbogenfarn, der in seiner japanischen Heimat auch Brokat-Farn tituliert wird.

Silberreflexe im Beet

Pflanzen, die helle Silberreflexe auslösen, sind besonders für elegante Gestaltungen in den dunkleren, schattigen Bereichen eines Gartens wertvoll. Die Pflanzenauswahl gestaltet sich hier schwieriger, weil zum einen im

Schatten das Spektrum an Arten, die dort gedeihen, geringer ausfällt und zum anderen im Dunkel unter Bäumen und Sträuchern die Bepflanzung meist nur schemenhaft und farblos wahrgenommen wird. Zum Glück haben sich Pflanzenzüchter in den letzten Jahren ganz besonders auf Pflanzen konzentriert, die hier attraktive Abhilfe schaffen.
Zu den besonders anmutigen Schattenschönheiten gehören Taubnesseln. Ein Schattenschätzchen ist die Gefleckte Taubnessel *(Lamium maculatum)* 'Beacon Silver' (Foto rechts). Sie hat sehr attraktive, herzförmige Blätter mit einem hohen Anteil an silbergrauer Farbe und nur schmalem Grünrand. Sie funkelt regelrecht im Dunkeln. Besonders unter Bäumen leuchtet die »Silbernessel« als ausdauernde, flächendeckende Schmuckstaude wie ein Sternenhimmel. Ihre etagenartig angeordneten, kräftig rosafarbenen Lippenblüten machen sie zur Nesselkönigin. Die Weiße Taubnessel 'White Nancy' hat leicht schimmerndes, silbrig weißes Laub und reinweiße Blüten, die der Pflanze eine edle Ausstrahlung verleihen. Die delikaten wie erstaunlich robusten Blattschmuckstauden sind noch recht unbekannt und fristen so leider – in doppeltem Sinne – noch ein Schattendasein in unseren Gärten. Das sollte sich schnell ändern, damit auch im Schatten mehr Eleganz einzieht.

Der Silberprinz für elegante Schattenbeet-Gestaltungen ist das Silbrige Lungenkraut *(Pulmonaria*-Hybride) 'Majeste'. Er trägt breite, lanzettliche Blätter, deren gesamte Blattfläche leuchtend silbergrau gefärbt ist mit einem sehr schmalen grünen Rand. Sie blitzen im Dunkeln wie scharfe Messer. Die Sorte 'Excalibur' glänzt mit der eindrucksvollen Wirkung von beleuchteten Schwertern. Namensgleich mit dem Wunderschwert des mythischen Königs Artus sendet es im Schatten scheinbar Licht aus. Das Gefleckte Lungenkraut *(Pulmonaria saccharata)* der Sorte 'Opal' hat fantastische Schmuckblätter mit silberweißen Bereichen und Flecken, die mit dem durchschimmernden Grün einen opalisierenden Effekt zeigen – ein echter Edelstein der Nacht. Die Hybride 'Ice Ballet' hat mittelgrüne Blätter mit vielen weißen Punkten und Tupfen. Ihre Blüten sind reinweiß und wirken wie kleine Ballettröckchen. Zusammen mit den lebhaften Blättern geben sie eine Vorstellung à la Schwanensee ab. All diese Lungenkräuter lieben Schatten und sind dort recht robust.

Erhellende Schattenträume

Die dritte Gruppe der Schattenschätze sind die neuen silbrigen Kaukasusvergissmeinnicht-Sorten, wie *Brunnera macrophylla* 'Jack Frost'. Dies ist eine der spektakulärsten Neuzüchtungen der vergangenen Jahre. Die ganze Blattoberfläche schimmert silbrig und wirkt wie bereift, denn nur die Blattadern und der Rand sind grün. Die erste perfekte und makellos silbrige Schönheit ist 'Looking Glass'. Diese Rarität ist von atemberaubender Reinheit und Klarheit – eben als schaue man durch Glas. Dieser helle Schattentraum wächst schattig und halbschattig auch an den problematischen Plätzen unter Gehölzen, solange es nicht zu trocken ist. Alle drei vorgestellten Familien schenken dem Gärtner brillante Darsteller, die auf der dunklen Gartenbühne einfach nur verzaubern!

Die Gefleckte Taubnessel 'Beacon Silver' erleuchtet mit ihrem Teppich aus silbrigen Herzblättern apart auch dunklen Schatten unter Bäumen.

Stolze Blätter in vielen Varianten

Durch die prachtvolle Funkien-Sammlung mit ihren stolzen Blattformationen führt ein eisgrauer Holzweg, der die Besucher trockenen Fußes durch den feuchten Standort leitet.

Ein Halbschattenbeet ohne eine der vielen attraktiven Herzblattlilien ist ein Fehler! Und ein elegantes Halbschattenbeet ist nahezu undenkbar.

Feine Blattkollektion

Die Stars und Sternchen der dunklen Bühne sind besser bekannt unter den Bezeichnungen Funkie oder *Hosta*. Ihre reizvoll aparten Blattstrukturen und -formen fangen selbst die feinsten Lichtstrahlen ein und lassen die gesamte Staude als architektonische Skulptur erscheinen. Unendlich ist die Auswahl an Arten und Sorten! Wer zählt die Namen? Nur wahre »*Hosta*-Freaks«. Doch trotz der scheinbaren Ähnlichkeit hat jede von ihnen ihren ganz eigenen Charme. Viele tragen melodische oder gar theatralische Bezeichnungen. Dennoch können auch namenlose Akteusen als Solistinnen tragende Hauptrollen in Beeten spielen oder in großer Zahl als »Funkie-Group«, wie es die bekannte Staudengärtnerin Anja Maubach ausdrückt, wirkungsvoll auftreten.
Als formvollendete Schönheiten mit stolzen Blättern genießen sie seit Jahren einen rauschenden Siegeszug durchs Land. Im Frühling entwickeln sie die eng gerollten Blätter und richten sie zu einem harmonischen Gesamtbild aus. Am besten schützt man den jungen Austrieb prophylaktisch vor gefräßigen Schnecken. Ihre Freesien gleichenden Blüten sind meist lilafarben. Für das elegante Beet sind aber die dekorativen Blätter, mit ihren Farben von klassischem Grün bis hochmodischem Blau, von entscheidender Bedeutung.
Durch das abgebildete *Hosta*-Schauspiel (Foto links) führt ein graufarbener Holzlaufsteg. Eine gute Idee, denn so kann der Besucher trockenen Fußes zwischen den feuchtigkeitsliebenden Funkien hindurchschlendern und ihre Schönheit von oben betrachten. Blaublatt-Funkien schimmern mit einem silbrigen Ton, der stets Eleganz verspricht. Die spitzen Blätter mit Nadelstreifen-Adern haben eine edle, textilähnliche Struktur. Vorne rechts steht die bis 150 Zentimeter große *Hosta*-Hybride 'Krossa Regal' und links im Bild breitet sich 'Blue Angel' aus, wie alle großen Funkien sind beide hervorragende Solitärstauden. Im linken Hintergrund unterstreichen die Riesenblätter eines Mammutblatts *(Gunnera manicata)* das üppige Urwald-Flair.

Erhabene Noblesse

Blaugraue *Hosta* sind die elegantesten (Foto rechts). Da ihre Farbe, ebenso wie Silber, einen gewissen Weißanteil hat, werden

Lichtstrahlen erstaunlich intensiv reflektiert. Dies kommt einem schattigen Standort sehr zu gute, weil die blauen Blätter sich bei jedem Lichthauch in kostbare Silberherzen verwandeln. Hinter dem Schwarzen-Schlangenbart-Teppich blitzt die *Hosta*-Hybride 'Halcyon' mit ihren intensiv blau bereiften und spitzen Blättern ganz selbstbewusst hervor. 'Halcyon' gehört mit 40 bis 50 Zentimeter Höhe zu den mittelgroßen Sorten. Sie ist eine der attraktivsten Blaublätter und ihr Stahlblau bleibt die ganze Saison hindurch mit seinem kühlen Chic erhalten. Gerade im Schatten wirkt das Blau am intensivsten und strahlt wie ein kühler Eisdrink. An heißen, sommerlichen Tagen ist die Verbindung von Schwarz und dem silbrigen Blau ein optisch wohltuender »Klimaregler«. 'Halcyon' ist aber nicht nur wegen seiner Attraktivität seit langem ein »*Hosta*-Darling«, sondern auch, weil die Sorte eine robuste Natur hat und Schnecken sie meiden. Außerdem ist sie eine der wenigen blaublättrigen Funkien, die sich auch in Kübeln wohlfühlt, eine sehr kultivierte, smarte Figur abgibt und die ganze Saison die schöne Farbe behält.

Weitere graublaue Eminenzen

Auf der Größenskala der Blaublatt-Schönheiten rangiert ganz unten die Miniatur-Hybride 'Blue Mouse Ears'. Sie bleibt zehn bis 15 Zentimeter klein und ist mit ihren Mauseöhrchen ein echter Funkien-Zwerg. Ihr knuddeliger Blattschmuck eignet sich für Schalen oder Minigärtchen. 'Blue Cadet' ist eine blaugrüne Züchtung, die mit 20 bis 30 Zentimeter Höhe eben kein Offizier sein kann. Aber als Einfassung macht der blaue Kadett eine perfekte Figur.
Die Abteilung der blauen Admirale wird von *Hosta sieboldiana* 'Elegans' (60 cm) als kosmopolitischem Klassiker angeführt. 'Big Daddy' (bis 65 cm) hat etwas runzelige, kalkig blaue, tassenförmige Blätter, die wie gehämmert wirken. Dieser »Großvater« wirkt besser im Hintergrund als graue Eminenz. 'Blue Angel' (60–90 cm) hat stark bereiften blauen Blattschmuck von der Eleganz eines Cherubins. Den voluminösen Höhepunkt bildet 'Blue Umbrellas' mit 90 cm Höhe. Die Gigantin richtet ihre Riesen-Herzblätter kreisförmig zu einem Regenschirm von einem Quadratmeter Durchmesser aus. Da kapitulieren sogar die Schneckenheere!

Ein eleganter und robuster Klassiker des Schattens ist die *Hosta*-Hybride 'Halcyon', die mit stahlblauem Blattschmuck an heißen Sommertagen angenehme optische Kühle spendet.

Silberspitzen blitzen

Silberpflanzen, deren Blätter sich in Spitzenform zeigen, verkörpern von Natur aus Eleganz im Beet. Feinen Schuhspitzen und gefeilten Fingernägeln gleich, sind sie Sinnbild für eine aufreizende Spannung, gepaart mit femininer Finesse. Die spannende Verbindung von hellem Silberglanz mit dem zackigen Formenspiel der Blätter ist stets Ausdruck von gärtnerischer Raffinesse.

Spitzen-Tanz

Silberspitzen verkörpern spritzige Spitzen-Eleganz im Beet! Die dekorativste aller Großstauden ist die prachtvolle Artischocke *(Cynara cardunculus)*. An ihr ist einfach alles imposant, sie ist ein großartiger und glänzender Blickfang im Garten. Auf der Abbildung (großes Foto rechts) neigt sich ein noch junges Exemplar mit seinen tief eingesägten, überhängenden Blättern über die feine Beetgestaltung. Ihre graugrünen Blätter schieben sich aus einer Rosette und werden im Laufe der Saison breiter und silbriger. Die bis zu zwei Meter große und dennoch feingliedrige Staude ist ein Highlight im weißen sowie im Silbergarten und ein Superstar im Mondlicht. Artischocken, von Hause aus Gemüse, brauchen einen Quadratmeter Platz und schieben ab Sommer des zweiten Standjahres ihre distelähnlichen Blüten in verzweigten Ständen in die Höhe. Die pinienzapfenähnlichen Hüllblätter bilden einen großen hübschen Korb für die kräftig lilafarbenen »Plüsch-Blütenköpfe«, die ein prachtvoller Schmuck sind und sich gut zum Trocknen eigenen. Sind allerdings die dekorativen Silberblätter der Hauptfokus, sollte man die Blütenknospen entfernen. Ganz frosthart ist die mediterrane Schönheit nicht

Die Edeldistel *(Eryngium variifolium)* verbreitet mit ihren ungewöhnlichen bizarren Blüten auf nadelspitzen Tragblättern heftiges Diamantenfunkeln im Beet.

Die Artischocke thront über einem eleganten Beet mit dunklen Purpurglöckchen sowie silbrigem Woll-Ziest und gibt mit ihren Silberspitzen dem Beet den eleganten Schliff.

und deshalb sollte der Wurzelstock im Winter mit genügend trockenem Mulch geschützt werden. Die Pflanze ist ein von weitem zu sehender Lichtblick. In jeglicher Beetkombination präsentieren sich die überaus eleganten, hellen Blätter. Ihre Silberfarbe rückt jeden Pflanzpartner ins rechte Licht. Eine enge Verwandte ist die Gemüse-Artischocke (*Cynara cardunculus*, bis 150 cm groß), die seit der Antike als Nutzpflanze geschätzt wird. Ihre schmückenden Blütenblätter werden als köstliche Antipasti gerne genossen. Meist stirbt sie als Zweijährige nach der Blüte ab. Artischocken sind zwar ein Gemüse, aber ihren glanzvollen Auftritt haben sie in jeder eleganten Beetgestaltung. Hier wurde sie ganz modern mit dem sehr dunklen Purpurglöckchen *(Heuchera micrantha)* 'Palace Purple' kombiniert, das seine Blütchen wie Himbeersafttropfen über das Beet sprenkelt.

Die wolligen Hasenohren von *Stachys byzantina* nehmen die Silberfarbe der Artischocken-Blätter auf und interpretieren sie auf ihre sympathische flauschige Art neu. Das aparte Beet strahlt Ruhe und trotzdem etwas mondänen Chic aus.

Messerscharf und nadelfein

Schneidige und stachelige Silberspitzen bieten die unterschiedlichsten Pflanzen für außergewöhnliche Pflanzenkombinationen an. Die silbrigen Stiletto-Blätter gehören der neuseeländischen Schönheit *Astelia chathamica* 'Silver Spear' (Foto rechts). Ihre scharfen Speerblätter sind von auffallend silbrigpudriger Oberfläche. Die schlanken Blätter sind durch längs laufende Faltungen geprägt, die ein hübsches Lichtspiel hervorrufen. Diese herrliche, schilfähnliche Staude formt ihre Blätter zu Silberfontänen, die weithin leuchten. Da sie nur bedingt frosthart ist und in nassen, kalten Wintern sehr leidet, sollte sie bei uns als Kübelpflanze gehalten werden. In den überwiegend weichen Blattformen dieses Schaubeetes erscheinen die *Astelia*-Horste wie kleine Wasserexplosionen und beleben das sonst ruhige Beet ungemein. Der Kugel-Buchsbaum, die rundlichen Grasbüschel und die violetten *Allium*-Bälle bilden einen wunderbaren Kontrast zu dieser dynamisch mondänen Pflanze.

Silberspitzen im Beet erregen sofort die Aufmerksamkeit und offerieren mit blitzenden Reflexen ein geschliffen wertvolles Gartendesign. Ihr Einsatz erzielt sofort eine rasante Wirkung mit dynamischer Aussage. Silberspitzen wecken auf, regen an, ohne nervös zu erscheinen. Sie sind wie prickelnder Champagner im Beet. Zu diesen »Erfrischungs-Pflanzen« gehört auch die Edeldistel (*Eryngium variifolium,* kleines Foto S. 40). Die 30 bis 40 Zentimeter hohe, auch »Mannstreu« genannte Distel ist eine immergrüne Staude mit Pfahlwurzeln und bildet Rosetten aus gezähnten, stacheligen dunkelgrünen Blättern. Die bizarren, blassblauen Blüten sind von äußerst spitzen, dornigen, sehr aparten Tragblättern umstanden, die bis zu vier Zentimeter lang werden.

Beim Anblick dieser sehr wehrhaften Staude denkt man an das Funkeln teurer Diamanten. Denn die silbrig weißen Tragblätter reflektieren mit ihrer leichten Hohlform gleißend das Licht und verleihen der Pflanze einen fast unwirklichen Ausdruck. Ob als Solitär oder funkelnder Edelstein in einer eleganten Pflanzkombination, diese buntlaubige Edeldistel zieht wie alle Silberspitzen stets die Aufmerksamkeit auf sich. Allerdings müssen der Boden sandig und der Standort sonnig sein. Weitere Familienmitglieder sind die Riesen-Silberdistel *(E. giganteum)* und die Alpendistel *(E. alpinum)*, die mit stahlblauen Blüten beeindrucken.

Astelia chathamica **'Silver Spear' versprüht den Charme einer Silberfontäne über das hochmoderne Schaubeet und frischt die weichen Formen der übrigen Bepflanzung auf.**

Gold

Kostbare Farbnuancen

Gold, die Farbe des nobelsten aller Edelmetalle, ist für den eleganten Garten von unschätzbarem Wert. Zahllose wunderbare Schattierungen bietet das Pflanzenreich großzügig an, um prachtvollen Glanz ins Beet zu zaubern.

Ein königlicher Schmuck

Gold, das Wort allein ist Magie. Seit Menschengedenken steht das Edelmetall gleichzeitig für weltliche Macht und überirdische Symbolik, darüber hinaus schmückt es die schönsten Frauen. Im Beet ist Gold ein echter Schatz und eine wahre Schatzkiste, weil die Natur unendlich viele goldene Farbnuancen bei Blüten und Blättern als reichhaltigen Fundus für die Gartengestaltung anbietet.

Ist es wirklich Gold oder nur Gelb? Das sind die zwei Seiten derselben Medaille und einerlei, wie man es nennt, eine »Goldmine« aus Pflanzen erweckt jedes Beet zu strahlender Brillanz. Im Frühlingserwachen noch zart, stärkt die Sommersonne den warmen Schein bis zum intensiven goldenen Herbst.

Goldrausch im Beet

Gold im Beet verheißt Glanz und Gloria und pure Lebensfreude. Ein gewaltiges Spektrum an Blüten und Blättern bietet sich zur Auswahl an. Zitronenfrisch mit einem Hauch von Grün wirken die Blüten des Frauenmantels, Wolfsmilchblüten und die leuchtenden Blätter der Gold-Akazie. Das königliche Sommergold strahlender Taglilien und der goldene Blattschmuck heiterer Mutanten von Sträuchern und Kletterpflanzen schenken kraftvolle Vitalität. 24-Karat-Gold zeigt einen Hauch von Orange, solche satten Töne bieten Dahliensorten, die als Kaktusdahlien strahlend wie die Sonne wirken. Pures Gold wert sind Nadelgehölze, etwa Sorten von Eibe (*Taxus-baccata*-'Aurea'-Gruppe) und Lebensbaum (z. B. *Thuja occidentalis* 'Rheingold'), die das ganze Jahr über, selbst im Winter, den Garten vergolden. Satte Rotgold-Töne schenken Sonnenbraut-Sorten und

Mit goldenen Blüten und Blättern kommt glanzvolles Sonnenlicht wie von selbst ins Beet. Die apart herzförmigen Blätter des Gold-Trompetenbaumes *(Catalpa bignonioides)* 'Aurea' strahlen in frühlingshaft frischem Goldgrün, während die kompakten Tellerchen der Gold-Garbe (*Achillea*-Hybride) 'Coronation Gold' die Beetkomposition krönen.

Purpurglöckchen-Neuzüchtungen. Durchsichtig wie das goldene Vlies wiegt sich in der Abendsonne das Riesen-Federgras *(Stipa gigantea)*. Diese nicht ganz einfache Trendpflanze Englands ist eine Sünde wert. Goldene Blüten und Blätter bringen Energie in müde Beete und lassen auch an trüben Tagen die Sonne scheinen. Goldgelb ist eine sorgenfreie Farbe und die glücklichste in der ganzen Farbpalette. Es ist ein Ton, der die Aufmerksamkeit magisch auf sich zieht. Nichts ist lebendiger im Beet und vermag die Stimmung so ad hoc zu heben. Gold empfiehlt sich für ein Farb-Echo im Beet. Das Auge tanzt von goldener Blüte zu Blüte und von goldenem Blatt zu Blatt. Es kommt ein klarer Rhythmus, ja belebende Musik in die Pflanzung.

Die Farbe Gold schmeichelt wie schöner Schmuck und gesellt sich harmonisch zu jeder Farbe. Violett ist die Komplementärfarbe von Gelb und Gold. Zusammen bilden sie ein kraftvolles Paar voller Dynamik. Ein Goldregen-Laubengang mit einer üppigen Kette aus lila Zierlauch-Kugeln darunter ist ein Bild, das sich fest ins Gärtnergedächtnis einbrennt. Ein Tipp: Je dunkler das Violett, umso satter sollte das Gold sein. Die höchste Steigerung dieses Farb-Ensembles sind Purpur und Gold, die Farben von Kaiser- und Papstroben.

Saphirfarbene Blüten und Gold korrespondieren wie der blaue Himmel mit der Sonne. Ein goldener Garten sehnt sich immer nach einem Pinselstrich Blau als Kontrapunkt. Kühles Blau versteht sich hervorragend mit pastelligem Limonengelb. Smaragdgrün und Gold verheißen große Harmonie, denn Grün entspannt das Gold. Zartes Weiß lässt Gold als lieblichen Perlenschmuck erscheinen. Total konträr begegnen sich Gold und Schwarz. Das bedeutet: Drama pur!
»Some like it hot« im Beet. Heiß wie ein glühender Sonnenuntergang erscheint die Kombination von Rot und Gold. Spätsommerbeete in vibrierendem Rot, volumigem Orange und fließendem Goldgelb bringen die ganze Kraft des Sommers zum Höhepunkt. Das infernale temperamentvolle Finale vor der Wintertristesse!

Eine goldene Regel für Gärtner lautet: niemals zu viel Gold!
Gold ist die stärkste Farbe im Garten und seine Kraft will sehr wohl dosiert eingesetzt werden. Je stärker das Gold, umso mehr müssen die Proportionen beachtet werden. Gold entwickelt eine starke Präsenz. Es will nicht vorsichtig entdeckt werden, sondern ruft selbstbewusst: »Hier bin ich!« Gold ist nicht Glimmer, sondern die Farbe der Gewinner. Gold ist nichts für Zauderer, sondern für mutige Gärtner mit einem Herzen aus Gold und einer ordentlichen Portion Optimismus. Go for Gold!

Echter Alant *(Inula helenium)* strahlt wie die Sonne und liebt auch einen sonnigen Standort mit lockerem, nährstoffreichem Boden. Die alte Heilpflanze ist eine dekorative Wildstaude, deren feine Strahlenblüten von prachtvoller Eleganz sind.

Gold-Garbe, *Achillea*-Hybride 'Coronation Gold'

Kleinen Goldkreiseln gleich leuchten die flachen Blütenstände der Hybride 'Coronation Gold' (deutsch: Krönungsgold). Wie die Tellerchen eines chinesischen Zirkuskünstlers sind sie in perfekter Höhenstaffelung positioniert.

Wuchs: Die dichttriebigen, straff aufrechten und starkwüchsigen Staudenhorste mit ihren fein gefiederten silbrigen Blättern erreichen eine Höhe von 70–90 cm.

Blüte: Winzige goldene Blütenköpfchen stehen kompakt in bis zu 10 cm breiten, flach gewölbten Blütenschirmen zusammen und strahlen königlich. Von Juni bis September währt die sehr lange Blütezeit: ein sommerliches Fest in Gold.

Standort: Offener, voll sonniger Ort mit frischem, nährstoffreichem und gut wasserdurchlässigem Boden. Die Gold-Garbe ist hitzeverträglich, wärmeliebend, frosthart, robust und anspruchslos.

Pflege: Blütenschnitt fördert Blütenbildung. Im Herbst bis Spätherbst sollte ein Rückschnitt der abgeblühten Stängel bis zum grundständigen Blattschopf erfolgen. Alle zwei bis vier Jahre die Stauden teilen.

Verwendung: Das silbrige Laub und die Goldblüten sind ein Volltreffer für Eleganz im Beet. Rabatten schenkt das »Krönungsgold« viele Wochen lang glänzende Akzente. Ob in Drifts oder in dicken Tuffs gepflanzt, die kompakten Goldschirmchen verfehlen nie ihre Wirkung. Die lebhaften Blüten vitalisieren Sommerbeete. Mit blaublütigen Nachbarn, wie Rittersporn oder Katzenminze, erzielt man royale Pracht.

Varianten: 'Schwefelblüte' (60 cm) leuchtet besonders kräftig, ebenso wie 'Moonshine' (40–50 cm). 'Credo' (80 cm) hat hellgoldene Blütenteller und ist eine kräftige Sorte mit guter Standfestigkeit, attraktiv verblühend. 'Helios' (50–60 cm) ist mit leuchtendem Gold und stark horstigem Wuchs eine niedrige Vordergrundsorte. 'Terracotta' (60 cm, siehe kleines Foto unten) brilliert mit seltenen Farbtönen, die an mediterrane Sonnenuntergänge erinnern.

'Terracotta' blüht überaus ausdauernd in satten Rotgold-Tönen und strahlt die durchdringende Wärme des Südens aus. Das leicht silbergraue Laub unterstreicht die robuste Eleganz dieser kraftvollen Staude.

Frauenmantel, *Alchemilla mollis*

Wuchs: Die Horste wachsen halbkugelig, ihre mittlere Höhe beträgt 40 cm. Wie elegante Damen-Capes sind die Blätter geformt und sammeln Tau- und Wassertropfen, die im Morgenlicht wie kostbare Diamanten glitzern. Veloursartige, lindgrüne, plissierte Blätter wirken stets edel und feminin, eben wie ein feiner Damenmantel.

Blüte: Im Mai/Juni erscheinen elfenzarte Blüten, die aus der Ferne wie Goldstaub leuchten und jeden Gartenraum mit fruchtiger Heiterkeit erfrischen. Die grazilen, grünlich gelben Blütenschleier erheben sich anmutig über die Blatt-Pelerinen. Sofern man die Horste nicht zurückschneidet, färben sich die delikaten Rispen hellgold und halten den ganzen Sommer. Sie wirken wie kleine Schmuckbroschen.

Standort: Sonnige bis schattige Standorte mit frischen bis feuchten, gerne auch lehmigen Böden.

Pflege: Horste nach der Blüte eine Handbreit über dem Boden abschneiden, dann sprießen Triebe und Blätter nach kurzer Zeit wieder neu und regenerieren so die kompakte Form. Genügsame, winterharte, altbekannte Gartenpflanze.

Verwendung: Weiche Eleganz für alle Gartenfälle! Die traumtänzerische Farb- und Formharmonie adelt jedes Pflanzarrangement. Die kleinen Mäntelchen schenken, gerne im Vordergrund und als Randbepflanzung, Beeten liebreizende Fülle. Sie verstecken stachlige Rosenbeine und decken gütig nackte Erde zu. Immer ladylike bewahren sie Form und Contenance in allen Lebenslagen und fast allen Standorten. Sie sind einfach ein echter Gartenliebling!

Varianten: Der Kleine Frauenmantel *(A. erythropoda)* ist mit 15–20 cm Höhe eine zierliche Alternative, aneinandergereiht sehr gut für Einfassungen geeignet und ideal für Balkonbepflanzungen. Die ebenmäßigen Blattmäntelchen haben sehr dichte Härchen wie ein edler weicher Pelz.

Die goldigen Schaumblütchen des Frauenmantels überhauchen den Frühlingsgarten mit funkelndem Glitter wie von Zauberhand geschaffen. Klare Tautropfen auf den hübschen weichen Samtblättern betonen diesen märchenhaften Effekt.

Nadelblättriges Mädchenauge, *Coreopsis verticilliata* 'Grandiflora'

Wuchs: Etwa 60 cm hoch werden die filigran belaubten Horste.

Blüte: Die sternchenartigen Mädchenaugen-Blüten leuchten fröhlich und strahlen wie kleine Sonnen. Mädchenaugen sind die Goldschätzchen eines endlosen Sommers und zwinkern viele Wochen mit goldenen Augen aus dem Beet.

Standort: Voll sonnige und warme Lage. Nährstoffreicher, mäßig feuchter und wasserdurchlässiger Boden.

Pflege: Aussaat ab April direkt ins Freiland, blüht im ersten Jahr. Als Staude robust, oft kurzlebig und für Schneckenfraß anfällig.

Verwendung: Viele heitere Mädchenaugen sind bezaubernd! Lange Drifts bescheren sonnigen Beeten Goldreflexe und dicke Tuffs leuchten wie Sonnenkreise. Mit ihrem fein ziselierten, nadelförmigen Laub lockern sie jede Pflanzung auf. Ob im lustigen Cottagegarten-Beet oder im noblen Stadtgarten, Mädchenaugen sind immer herzlich willkommen. Die goldigen Fräuleins sind voller jugendlicher Eleganz und stets Gärtners und Gärtnerins »beste Freundin«.

Varianten: 'Golden Shower' (60 cm) besitzt rein goldene Strahlenblüten, 'Moonbeam' (50 cm) hellgoldene, 'Zagreb' goldgelbe. Sie sind kompakt und besonders schön im Beetvordergrund.
C. lanceolata 'Sterntaler' gedeiht als dicht buschige Sorte mit langer Blütezeit und lustigem Augenzwinkern. *C. grandiflora* bildet etwas gröberes Laub und eher scheibenförmige Blüten aus. 'Early Sunrise' (50 cm) wächst gedrungen und blüht gefüllt. 'Badengold' (80–90 cm) schmückt sich mit Rotgoldauge.

Mädchenaugen werden gerne treffend auch als Netzblattstern bezeichnet. Kleinen Sternen gleich funkeln die flachen Blüten wie vom Floristen inszeniert im frischgrünen Gewebe aus schmalen nadelförmigen Blättchen.

Steppenkerze, *Eremurus*

Wuchs: Die unbeblätterten Blütenschäfte der Steppenkerze ragen einzeln bis zu 200 cm hoch aus einen Büschel von Laubblättern an der Pflanzenbasis empor.

Blüte: Juni/Juli. Kolbenartige Blütenschweife (bis zu 100 cm lang) setzen sich aus dichten Trauben von sternförmigen Blüten mit auffälligen Staubblättern zusammen. Die Steppenkerze ist das »Super-Model« der eleganten Gold-Pflanzen und eine der eindruckvollsten Solitärstauden überhaupt.

Standort: Sonnige, windgeschützte Lage. Guter, tiefgründiger und sehr durchlässiger Boden. Da die Blätter schnell und unansehnlich einziehen, sollte man durch geschickte Vorpflanzung das Laub verdecken und nur die sensationellen Blütenschwerter wirken lassen.

Pflege: Steppenkerzen besitzen eine seesternartige, fleischige Wurzelknolle, die recht brüchig ist, deshalb vorsichtig einpflanzen. Bei schwerem Boden mit Kies und Sand eine Drainage legen. Die Knolle in der Pflanzgrube flach ausbreiten und nicht tiefer als 15 cm legen. Jungen Austrieb vor Nachtfrösten schützen.

Verwendung: Als eindrucksvolle Solitärstauden wirken sie einzeln oder in kleinen Gruppen, in Masse gesetzt, sind sie eine Super-Schau! Prachtvoll und theatralisch wie auf einer Bühne wirken Steppenkerzen vor einem dunklen Hintergrund. Wie ein eleganter Phoenix schiebt sich die Blüte überraschend über das Beet hinaus und ist ein Augenmagnet par excellence.

Varianten: Die Blütenkolben von *E.* × *isabellinus* 'Cleopatra' (125 cm) gleichen in ihrer Farbe wertvollem Rotgold. Der Afghanistan-Lilienschweif (*E. stenophyllus,* 100 cm) hat 40 cm lange Blütenkerzen, die wie pures Gold schimmern. Die Große Steppenkerze *(E. robustus)* wird mit bis zu 250 m Höhe die stattlichste; sie blüht weißlich rosa.

Hier kommt das »Top-Model« des eleganten Gartens! Die goldenen langen Blütenschweife von Steppenkerzen sind immer ein echter Blickfang und verwandeln ein schlichtes Beet mit ihrem Auftritt in einen Laufsteg im Rampenlicht.

Japan-Goldbandgras, *Hakonechloa macra* 'Aureola'

Wuchs: Höhe 20–40 cm. Goldgelb längs gestreifte, faszinierend leuchtende Halme hängen bogig und weich über. Die Blattschöpfe bilden an zusagenden Stellen ansehnliche Horste. Die aparte Goldfärbung und der wohldefinierte Habitus machen es zu einem wertvollen Struktur-Gras.

Blüte: Gebogene, lockere Blütenrispen (Juli/August) wirken eher unscheinbar.

Standort: Halbschattige Lagen, bei frischem Boden auch sonniger Standort möglich. Lockerer humoser, nährstoffreicher und nicht zu trockener Gartenboden.

Pflege: Bei Neupflanzung ist Sonnenschutz ratsam und bei strengen Kahlfrösten etwas Winterschutz mit Fichtenreisig. An optimalem Standort kaum Pflege nötig.

Verwendung: Das sehr dekorative und schmückende Gras ist ein wahrer und bezaubernder Goldschatz, ein »Must« für elegante Gärten! Mit der geschmeidig weichen Form lassen sich kostbare »Garten-Brokatstoffe« weben. Sein zierender Blattschmuck ist ein Blickfang als Leit- oder Begleitpflanze. Das Gras wirkt flächig gepflanzt wie ein goldenes Vlies. In gleichmäßigen Abständen gesetzt, bringt es schwungvollen Takt ins Beet. Darüber hinaus ist es eine hervorragende Kübelpflanze, besonders in höheren Gefäßen erscheint sie wie ein goldener Wasserfall. Selbst die Herbstfärbung, von Zartgold bis Rotgold, entfesselt ein elegantes Spektrum.

Varianten: 'All Gold' schmückt sich mit einfarbig gelbgrünem Laub, wird aber seltener angeboten.

Die fließende Form des Japan-Goldbandgrases lässt es wie einen anmutigen, kleinen Wasserfall erscheinen. Dank seiner natürlichen Eleganz und des minimalen Pflegeanspruchs ist es sehr vielseitig einsetzbar: solitär, in Massen wie ein wogendes Meer aus Gold oder als attraktive Kübelpflanze.

Taglilie, *Hemerocallis*-Hybride 'Burning Daylight'

Wuchs: Dunkelgrüne riemenförmig gebogenen Blätter bilden aufrechte Horste von 65 cm Höhe. Mit ihren wunderschönen Blüten sind Taglilien echte Prachtstauden.

Blüte: Im Juni/Juli erscheinen orange- bis rotgoldene Blüten von der unglaublichen Leuchtkraft eines Sonnenuntergangs. Anmutig gebogene Kronblätter geben ihnen eine dreieckige Form. Wie bei allen Taglilien werden über einen langen Zeitraum täglich neue Blüten produziert, deren individuelle Eleganz es ohne weiteres mit Orchideen aufnehmen kann.

Standort: Volle Sonne bis Halbschatten. Der Boden sollte humos, feucht und locker sein und darf nie austrocknen. Taglilien möchten frei stehen, im Abstand von 70–90 cm zur nächsten Staude.

Pflege: Pflegeleicht. Die Flachwurzler mögen kein Hacken und Graben in ihrer Nähe. Während der Blüte ausreichend gießen. Verblühtes entfernen, erhöht die Schönheit und fördert die Blühfreudigkeit.

Verwendung: Goldene Alleskönner, als Solitär-Schönheiten ebenso überzeugend wie in Massen gepflanzt. Die luxuriösen Blüten sind voller femininer Raffinesse und die eleganten, schwungvollen Blätter von rassigem grünem Glanz. Daher betrachtet man die modischen »Beauties« am besten aus der Nähe, ihnen gebührt ein Logenplatz in der ersten Reihe.

Varianten: Zahlreich wie die Sterne am Himmel! 'By Myself' hat goldorangefarbene Blüten von guter Substanz, ebenso 'Goolagong' und die großblütige 'Golden Prize'. 'Golden Chimes' versprüht Leichtigkeit durch viele kleine Blüten in einem klaren Goldgelb. 'Stella de Oro' ist eine kleine Schönheit, deren Goldfieber den Sommer über anhält. Auch 'Marion Vaugn' ist eine »Grande Dame« der eleganten Taglilien.

Alle lilienblütigen Pflanzen haben, wie die *Hemerocallis*-Hybride 'Burning Daylight', eine ganz selbstverständliche Eleganz. Die edel geformten Blüten in kostbaren Goldtönen sind immer ein besonderes Highlight für elegante Beete. Ihre Blühfreudigkeit sorgt für lang anhaltenden Genuss. Die eleganten Blatthorste sind ebenfalls gestalterisch sehr wertvoll.

Goldblatt-Funkie, *Hosta*-Hybride 'August Moon'

Wuchs: Horstbildend und bis 60 cm hoch, damit gehört die Sorte zu den mittelgroßen Funkien. Ihre herrlich leuchtenden, goldgelben Blätter sind leicht gewellt und wirken bereift. Goldene *Hosta* sind besonders attraktive und wertvolle Blattschmuckstauden für den Halbschatten.

Blüte: Violette Blüten (Juli/August), aber für die Eleganz zählt allein die sonnige Blattfarbe.

Standort: Halbschattiger Standort. Wie alle Funkien wünscht sich 'August Moon' einen feuchten, nährstoffreichen Boden. Die Sorte braucht etwas Sonne, um sich im Laufe des Jahres von Hellgrün zum gewünschten Gelbgold zu verfärben.

Goldblatt-Funkien leuchten wie elegantes Edelmetall. Ihre zierenden Herzblätter in aparter Positionierung hellen wie Juwelen Standorte mit gedämpften Lichtverhältnissen auf.

Pflege: *Hosta* verlangen die Gartentugend Geduld, denn sie wachsen langsam. Sie brauchen gut drainierte Erde und vertragen keine Trockenheit; im Frühjahr mulchen. Da anfällig für Schneckenfraß, beim Austrieb entsprechend vorbeugen. In Kübelhaltung flüssig düngen.

Verwendung: Wegen ihrer schmückenden, leuchtenden Blattmäntel sind die goldenen Funkien ein wahrer Gartenschatz. Ob als strahlende Solisten oder in geballter Pracht, ihre formvollendete Schönheit ist von nobler Ruhe und Kraft. Sie sind das Rückgrat von Halbschatten-Arrangements. Fast alle *Hosta* sind außerdem exzellente und erlesene Kübelpflanzen.

Varianten: 'Goldene Woge' (20–30 cm) ist ein goldiger Bodendecker oder für einen Goldrand am Beet geeignet. Als kleine Goldlaub-Funkie hat sich 'Golden Scepter' (30–35 cm) bewährt: dichte, goldene, herzförmige Blätter, wüchsig und robust. Die mittelgroße 'June Fever' strahlt extravagant mit goldenen Blättern, die von einem feinen, grünen Rand gefasst sind, ähnlich wie 'Gold Standard' (40–75 cm). Ein Gold-Star ist die eindrucksvolle 'Sum and Substance', die mit riesigen Blättern bis zu 100 cm hoch werden kann.

Gestreifte Sumpf-Schwertlilie, *Iris pseudacorus* 'Variegata'

Wuchs: Wächst mit ihrem schwertartigen Laub straff aufrecht, Höhe 70–90 cm. Ausgesprochen wüchsige Iris mit rippigen, im Frühjahr dekorativ gelb-grün gestreiften, schneidigen Blättern.

Blüte: Die goldgelbe, delikate und elegante, typische Iris-Blüte mit drei gebogenen Blütenblättern erscheint von Mai bis Juli. Die Verbindung der rassigen Schwertblätter mit dem Blütengold ist ein dynamisches Duett.

Standort: Gedeiht in voller Sonne wie auch im Halbschatten, gerne am nassen Teichrand. Aber die wuchsfreudige Sumpf-Schwertlilie kommt auch im normalen, nährstoffreichen, frischen bis feuchten Gartenboden gut zurecht.

Pflege: Pflanzung Ende Juli bis August. Verblühte Blüten abschneiden, um den kraftzehrenden Fruchtansatz zu vermeiden. Da Starkzehrer, regelmäßig düngen, aber nicht mit Mist oder Kompost, da sonst die Rhizome abfaulen. Wenn die Blühfreudigkeit nachlässt, Wurzelballen teilen.

Verwendung: Seit dem Altertum ist die *Iris* die Blume der Könige. Alle Schwertlilien sind mit ihren attraktiven, messerscharfen Blättern und kunstvollen Blüten die pure Eleganz im Beet. Die Goldblütigen strahlen zudem mit kostbarem Glanz. Iris sollten im Vordergrund stehen, damit man die nobeln Blüten betrachten kann. Ihre schnittigen Blätter sind, wenn gesund, ein dauerhafter Schmuck im Beet.

Varianten: Die Stars der Iris-Familie sind die hohen *Iris*-Germanica-Hybriden, z. B. 'Granada Gold' mit leuchtend tiefgoldenen Nobelblüten. Diese Sorten brauchen im Gegensatz zu den Sumpf-Schwertlilien volle Sonne und trockenen, durchlässigen Boden, Weitere Stars: 'Bold Gold' hat den sattesten Goldton, 'Casque d'Or' gigantische Blüten in Gold, 'Pure as Gold' trägt tiefes Goldgelb mit einem Goldbart.

Die spitzen Blätter von Schwertlilien wirken stets wie scharfe Klingen, denen eine maskuline Eleganz innewohnt. *Iris pseudacorus* 'Variegata' erscheint durch die Goldstreifen wie eine märchenhafte Aufstellung von goldenen Zauberschwertern.

'Bee Sunset' gehört zur jungen Generation von rassigen *Kniphofia*-Neuzüchtungen, die als temperamentvolle Prachtstauden leuchtende Eleganz versprühen. Besonders attraktiv sind die hohen Blütenkolben (meist über 80 cm) und die attraktiven, grasähnlichen Blatthorste.

Fackellilie, *Kniphofia*-Hybride 'Bee Sunset'

Wuchs: Höhe 80–100 cm. Aus den grasartigen Blattschöpfen schiebt sich wie eine Rakete die fackelartige Blüte empor: sehr elegant!

Blüte: Die röhrenartigen Blüten sitzen dicht an dicht an den kerzenförmigen Ähren, die dadurch goldenen Flaschenbürsten ähneln und wie Flammenwerfer leuchten. Die äußerst dekorativen und lebhaften Blüten sind immer ein magischer Blickfang von Juli bis September.

Standort: Vollsonniger, warmer und trockener Standort. Nahrhafter Boden ohne Winternässe.

Pflege: Abgeblühte Stiele kurz nach der Blüte zurückschneiden. Alle fünf bis sechs Jahre die Horste teilen. Als Winterschutz vor Nässe und Frost die schilfähnlichen Blätter zusammenbinden.

Verwendung: Die stolze Afrikanerin und überschäumende Exotin möchte im Mittelpunkt stehen und liebt einen gewissen Freiraum um sich. Viele Tuffs in einem Beet entzünden ein grandioses und ausdauerndes Feuerwerk. Ihre Blüten können sich immer großer Aufmerksamkeit sicher sein: einmal Star, immer Star!

Varianten: 'Express' hat orangegoldene Fackelblüten, die von Juli bis September leuchten (80 cm), die Sorte 'Alcazar' blüht sogar bis zum Frost. Fackellilie 'R. W. Kerr' erscheint zunächst rotgolden und hellt sich in dekorativer Farbabstufung von unten nach oben auf. 'Royal Standard' ist ein stattlicher Klassiker von 100 cm Höhe.

Die Blütenkolben der *Kniphofia*-Hybride 'Sunningdale Yellow' sind von einem reinen Goldgelb, wie auch die von 'Citrina' und 'Luna'.

Ligularie (Kreuzkraut), *Ligularia*-Hybride 'Zepter'

Wuchs: Kerzengerades, straffes Gardemaß mit bis zu 200 cm Höhe zeichnet die horstbildende Staude aus. Die Blätter sind fingerförmig apart gelappt und bis zu 30 cm tief eingeschnitten – sehr dekorativ.

Blüte: Von Juli bis September erscheinen goldgelbe Blütchen an den hohen, nahezu schwarzen Schäften. Die einzelnen Blumen, aus je zwei schmalen Zungenblüten, sind dicht an langen Ährenrispen gruppiert. So wird ein ausgesprochen eleganter Eindruck vermittelt. Das leuchtende Blütenzepter ist ein echter »Eyecatcher«.

Standort: Wie alle Ligularien liebt 'Zepter', auch Goldkolben genannt, feuchte Böden. 'Zepter' ist für Rabatten und als imposante Uferbepflanzung bestens geeignet, kommt aber auch mit trockeneren Standorten zurecht. Ein humoser Boden wird geschätzt und ansonsten ist die frostfeste Staude anspruchslos. Der Standort sollte sonnig bis halbschattig sein.

Pflege: Im Gegensatz zu anderen Ligularien ist das Ausbreitungsvolumen von 'Zepter' moderat. Einer ihrer großen Vorzüge ist, im Gegensatz zu anderen Sorten, die sehr geringe Anfälligkeit für Schneckenfraß. Die langlebige Staude möglichst viele Jahre nicht umpflanzen. Rückschnitt vor der Samenreife empfiehlt sich, um Selbstaussaat zu vermeiden, Stängel im Herbst oder Spätherbst kürzen. An optimalen Standorten kaum Pflege notwendig.

Verwendung: Ligularien sollten stets in ansehnlichen Horsten gepflanzt werden, um den beeindruckenden Effekt von leuchtenden Flammen zu erzielen. Vereinzelt wirken sie verloren. Aufgrund der langen Blütezeit und ihrer stattlichen Größe, die das vertikale Element in Pflanzungen betont, vergolden sie den Hintergrund von größeren Rabatten. Dramatisch wirken sie weiter vorn im Beet. Ihre attraktiven Blätter stehen auf nur einem Drittel der Höhe und die schlanken Blütenähren gewähren goldene Transparenz.

Varianten: Die Kerzen-Ligularie *(L. przewalskii)* ist mit 80–120 cm Höhe etwas niedriger. *L.* × *hessei* 'Laternchen' ist von kompaktem Wuchs (50–60 cm), goldgelber Farbe und blüht erfreulich spät.

Die *Ligularia*-Hybride 'Zepter' kann, wie alle hier genannten Ligularien, die gewünschte leuchtende Präsenz am besten in einer Massenpflanzung entfalten. Es geht also nicht um vornehme Zurückhaltung, sondern nach dem Motto: je mehr, desto besser!

Gold-Felberich, *Lysimachia punctata*

Wuchs: 80–100 cm hoch, aufrecht, Stängel kaum verzweigt. Bildet schnell dichte geschlossene Bestände.

Blüte: Kleine, sternförmige Blüten in leuchtendem Gold verteilen sich in etagenartig angeordneten Quirlen am Stängel und bilden lange Blütenrispen. Blüht ausdauernd von Juni bis August und ist deshalb wirklich Gold wert!

Standort: Halbschattig bis schattig, gerne am Waldrand oder an Mauern, bei genügend Bodennässe (z. B. Ufernähe) auch sonnig. Nährstoffreicher, lehmiger, feuchter Boden. Verträgt Wurzeldruck von Gehölzen.

Pflege: Sehr blühfreudige und anspruchslose Pflanze. Breitet sich durch Ausläufer schnell und kräftig aus und sollte im Herbst durch Abstechen streng in ihre Schranken verwiesen werden, um Wuchern zu verhindern. Sehr winterharte Staude. Nach der Blüte zurückschneiden.

Verwendung: In größeren Gärten wirken Kolonien wie ein goldenes Sternenband mit herrlicher Fernwirkung. Leuchten strahlend an schattigen Standorten und bringen Sonnenlicht in dunkle Gartenecken. Gold-Felberich zaubert eine tolle Goldschau.

Varianten: Die Sorte 'Hometown Hero' überzeugt mit tiefgoldenen Blüten in langen Trauben und wuchert nicht so wie die Wildart. 'Alexander' ist mit weißbunt panaschierten Blättern eine königliche Schmuckstaude, die edel Gold und Silber vereint und sich bei der Ausbreitung vornehm zurückhält.

Gold-Felberich ist ein sehr robuster und pflegeleichter Gold-Bringer für den Garten. Er breitet sich schnell und intensiv aus, daher braucht er etwas Kontrolle.

Goldsturm-Sonnenhut, *Rudbeckia fulgida* 'Goldsturm'

Wuchs: Die Staude wächst etwa 70 cm hoch und schmückt sich mit dunkelgrünem Laub an verzweigten Stängeln.

Blüte: Typ Riesengänseblümchen: An schwarzen Köpfen setzt ein Kranz schmaler Strahlenblütenblätter an. Wie ein wahrer Goldsturm berauschen die Sonnenhüte von Juli bis September den Betrachter.

Standort: Voll sonnig, lehmiger, humoser, nährstoffreicher Boden.

Pflege: Anspruchslos. Die abgeblühten Stängel werden erst im Frühjahr zurückgeschnitten und sind ein schöner Winterschmuck. Eventuell Schnecken-Schutz geben.

Verwendung: Kann große und flächige Blütenteppiche bilden, wirkt am besten in größeren Mengen in größeren Beeten. Goldene Sonnenhüte kann man nie genug haben und man sollte sie großherzig einsetzen, in großen Drifts und voluminösen Tuffs – go for gold!

Varianten: *R. laciniata* 'Goldquelle', der pomponartig gefüllte Sonnenhut (70 bis 80 cm) ist gut standfest. *R. nitida* 'Juligold' (130–200 cm), der goldgelbe Fallschirm-Sonnenhut, überzeugt mit früher Blüte und stattlicher Größe. *R. hirta* 'Goldilocks' kann sehr leicht aus Samen gezogen werden und ist einjährig. Die »Goldlocken« blühen den ganzen Sommer über mit Goldpower.

Der Goldsturm-Sonnenhut erobert Gärtnerherzen wie ein Wirbelwind! Einen ganzen Sommer lang blühen die goldenen Strahlenblüten mit ihren kecken schwarzen Herzen ohne Unterlass und halten jeder Witterung stand. Man sollte viele Sonnenhüte haben, denn in großen Gruppen oder Drifts entfalten sie ihre sonnige Wirkung am eindruckvollsten.

Dynamische Eleganz im Beet

Goldblüten und Goldblätter strahlen kostbar wie Edelmetall und bescheren Beeten selbst an trüben Tagen die Brillanz und Wärme der Sonne. Mit kraftvoller Präsenz und großer Eleganz ist Gold eine glückliche Gartenfarbe, die pure Lebensfreude versprüht. Gold im Garten hat eine weitgefächerte Palette an Farbnuancen. Sie reicht von einem frischen Zitronenton über 24-Karat-Gelbgold bis zum reichen Rotgold eines Sonnenuntergangs. Immer stimuliert es unsere Emotionen, und deshalb ist Gold das edle Geschenk für die großen Momente des Lebens. Im Gold als wertvollstem aller Metalle schwingt immer Hoffnung mit, und das ist vielleicht das größte Glück, das die Menschen trägt.

Im Beet beglückt Gold die Sinne und die Natur stellt eine wahre Goldmine an Pflanzen zur Verfügung. Aus einem überreichen Fundus unterschiedlichster Blütenformen und Blattfarbtöne können die herrlichsten »Gute-Laune-Beete« gestaltet werden. Ein paar Tropfen Gold, ein funkelndes Goldband oder gar ein ganzer Batzen Gold und schon wird aus einem langweiligen Beet ein spannender Hingucker.

Fackeln im Sturm

Die Fackellilie *(Kniphofia uvaria)* bringt als temperamentvolle Südafrikanerin exotische Lebensfreude und mit ihrem leuchtenden Farbenspiel heißen Rhythmus ins Beet (Foto links): ein wahrer »Eyecatcher«. Aus der grasähnlichen Blattrosette schiebt sich geschwind der Blütenkolben empor. So trägt dieser Beet-Star zu Recht den Zweitnamen »Raketenblume«. Ihre kontrastreichen Blüten beginnen mit feurigem Orangegold und entfalten ihr attraktives Farbspiel beim weiteren Öffnen der traubigen Blütenstiele. An der Spitze bleibt es glühend heiß, während weiter unten die Blüten zu einem sanfteren Farbton wechseln: Welch Dramatik in einem einzigen Blütenstand! Die klar definierten

Die gold-orangefarbenen Fackellilien sind der temperamentvolle und attraktive Blickfang im dynamisch eleganten Beet und korrespondieren munter mit zwei *Achilleas* im harmonischen warmen Farbspiel.

Blütenkolben sind wie ein Trommelfeuer im Beet, das einen mitreißenden Takt vorgibt und die gesamte Beetgestaltung vibrieren lässt.
Rechts und links vom Konzertmeister Fackellilie spielen die beiden goldigen *Achillea*-Sorten – wer mag sie hier schon Schaf-Garbe nennen? – begeistert mit. Beim vorderen Tuff breiten sich zartgoldene Blütentellerchen in unterschiedlicher Höhe über dem silbergrauen Laub aus. Die Gold-Garbe (*Achillea*-Hybride) 'Hannelore Pahl' gibt sich ladylike und bringt ruhigere Töne ins Beet, während weiter hinten die rotgoldene Hybride 'Terracotta' in südländischer Munterkeit mit der Fackellilie im Einklang steht.
Mit blauen Blüten weben sich Duftnessel *(Agastache)* und Katzenminze *(Nepeta)* als Komplementärfarbe durch das Beet und erscheinen wie ein Stückchen blauer Himmel zwischen all den herrlichen Sonnenstrahlen des Beetes. Seidiges Gras im Hintergrund und links vorne spitze Montbretien-Blätter *(Crocosmia)* vervollkommnen geschmeidig die spannende Gestaltung. Dieses Beet ist der Beweis: Eleganz kann erstaunlich dynamisch sein.

In teuflisch heißer Kombination

Mädchenaugen *(Coreopsis verticilliata)* leuchten und bringen das sommerliche Beet zum Strahlen. Die Sorte 'Zagreb', der goldige Netzblattstern, wie die Staude auch genannt wird, kommt mit seinem heiteren Wesen am besten in langgestreckten Drifts zur Geltung (siehe Foto unten rechts). Diese dankbare Rabattenstaude mit ihren feinen, nadelförmigen Blättern bildet mit kurzen Ausläufern ansehnliche Büsche, die scheinbar nimmermüde blühen: eine wahre Sommerfreude. Wie ein goldenes Vlies liegen die margeritenähnlichen Mädchenaugen als Blütenschleier obenauf, dessen immense Leuchtkraft von den zarten Gelbschattierungen hervorgerufen wird.
Mit weinrot schimmernden Sonnenrad-Blüten heizt die hohe Sonnenbraut (*Helenium*-Hybride) 'Indianersommer' dem Beet ordentlich ein. Rote Funken scheinen durchs Beet zu stieben in Form von kleinen feuerroten Dahlienblüten und den dunkelroten Stängeln der Wolfsmilch *(Euphorbia)*. Die gesamte Beetkomposition ist von einer erstaunlich kraftvollen Eleganz, wie der Körper einer Sportlerin. Eine wohlgeformte Eibe *(Taxus)* und die präzisen Hecken geben ein stabiles Rückgrat für das blumige Muskelspiel des Beetes. Anmutige Silbertöne der Blätter stellen Geschmeidigkeit und Stabilität gleichzeitig her und geben dem anziehenden Gartenbild den letzten Schliff. Dieses Beet hat das Potenzial einer Siegerin.

Die knallrote Montbretie *(Crocosmia)* 'Lucifer' mit ihren trompetenförmigen, farbintensiven Blüten (siehe Foto unten links) ist von teuflischer Attraktivität. In England hat diese rassige Schönheit vom Kap der Guten Hoffnung Kultstatus. Außerhalb ihrer fulminanten Blütezeit schmücken die Blattschwerte dekorativ das Beet. Bitte Vorsicht: Ein solch heißblütiges Geschöpf mag Frost gar nicht. Obwohl der Verführer 'Lucifer' als überaus robust gilt, ist in rauen Lagen ein Winterschutz wie Mulch ratsam. Wer auf Nummer sicher gehen möchte, behandelt diesen wärmeliebenden Diabolo wie eine Dahlie und rettet die Knollen frostfrei in trockenem Sand über den hiesigen Winter. Des roten Mephistos blassgoldige Partnerin ist eine schüchterne Gold-Garben-Dame. Sie übernimmt in diesem Schauspiel die Rolle des blonden Gretchens.

Rechts: Die fröhlichen Mädchenaugen der Sorte 'Zagreb' ziehen als Goldschleier entlang des kraftvoll eleganten und lebhaften Beetes.

Links: Die Montbretie 'Lucifer' hat als knallroter Mephisto sein zartes Gretchen fest im Griff: ein spannungsreiches Theaterstück im Beet.

Royaler Chic in Gold und Blau

In der Goldschmiedekunst werden blaue Edelsteine in Goldfassungen zu besonders noblen und wertvollen Schmuckstücken gestaltet. In Auslagen von Juwelieren ziehen solche Pretiosen magisch die Blicke an. Königinnen schmücken sich gerne mit solch auserlesenen Geschmeiden. Im eleganten Beet gibt es auch diese absoluten Höhepunkte, diese besonders ausgefallenen Kreationen, die man – einmal gesehen – nie mehr vergisst.

Ein Husaren-Regiment

Eine solche gärtnerische Kostbarkeit ist diese aristokratische Gestaltung (Foto rechts), die tatsächlich im ausgefallenen Garten eines Privatschlosses in England zu finden ist und von einer echten Lady entworfen wurde. Der Schlüssel zum Erfolg ist die lineare Anordnung der beeindruckenden Reihe von rotgoldenen Steppenkerzen *(Eremurus × isabellinus)*, der Sorte 'Cleopatra'. Sie ist von edlem Feuer. Ihr Name leitet sich von den schmalen roten Streifen ab, die an der Außenseite der unzähligen Einzelblüten der Blütenähre verlaufen. Sie sind eine Reminiszenz an den schmalen Eyeliner-Strich, der für die berühmte ägyptische Königin charakteristisch war. Diese Steppenkerzen sind auf dem ausdrucksstarken Höhepunkt ihrer Blüte, da sich die unteren Petalen bereits dunkel verfärben und den satten Goldton bekräftigen.

Raffiniert blinkt königlich blauer Rittersporn durch die goldenen Blütenrollen und lässt das Kerzengold noch intensiver leuchten. In dieser linearen Ausrichtung gepflanzt, gleichen die Steppenkerzen einem breiten Rotgold-Schmuckband, das als Fassung für die amethystfarbenen Edelsteinsplitter der Schleier-Verbenen *(Verbena bonariensis)* fungiert. Ein derartiger Farbschmuck ist von besonders luxuriösem Flair und lässt keinen Wankelmut zu.

Kappt man die Verbenen-Setzlinge beizeiten, erzielt man vielstängelige Exemplare mit unzähligen Blütenköpfchen. Die große Menge der schwebenden Blüten-Edelsteine auf unterschiedlichen Höhen macht hier ihre funkelnde Brillanz aus. Ihre elegante violette Farbe wird durch den Lavendelstreifen in dichter Färbung fortgeführt. Die intensiv dunkel gefärbte Blütenmenge von *Lavandula angustifolia* 'Hidcote Blue' steht nicht für Edelsteinchen, sondern stellt sich als echtes Garten-Juwel dar. Dieses große Beet im Schlosspark zeugt von machtvoller, royaler Eleganz, die sich selbstbewusst mit Glanz und Gloria repräsentiert.

Die kompakte Linie rotgoldener Kleopatra-Nadeln bildet ein wertvoll wirkendes Schmuckband. Davor scheinen violette Schleier-Verbenenblüten wie Amethystsplitter zu funkeln und Lavendelkissen wölben sich als Abschluss-Edelstein.

Einfach und doch nobel

Ein weiteres Schmuckbild zum Thema edle Blau-Gold-Kombinationen ist mit den goldgelben Blüten der Sumpf-Wolfmilch *(Euphorbia palustris)* in Kombination mit dem königsblauen Herbst-Eisenhut *(Aconitum carmichaelii)* 'Arendsii' zu malen (Foto rechts). Die beiden klaren und kühlen Farben vereinigen sich zu würdevoller Eleganz. Dieser Ausdruck wird durch die ausgefallenen, blauen Ritterhelm-Blüten in ihrer straffen Orientierung entlang dem kerzengeraden Stängel sowie durch die gut positionierten hellen, goldgelben Blütenschalen der Sumpf-Wolfsmilch bekräftigt. Als flächiges Frischgold leuchtet der Gold-Hopfen *(Humulus lupulus)* 'Aureus' im Hintergrund und gibt dem saphirfarbenen Eisenhut ein elegantes Passepartout.

Im eleganten Beet ist die Verbindung von Goldfarben mit unterschiedlichen Blautönen ein prachtvoller und beliebter Klassiker. Diese Kombination erfreut sich außerdem einer großen Auswahl an geeigneten Pflan-

zen, was vielseitige Gestaltungsmöglichkeiten eröffnet.
Auf der kleinen Mauer (Foto unten rechts) zeigt sich, wie bei einem Ausstellungsstück, dass die Edelverbindung Blau-Gold auch als »Light-Version« mit wertvoller Brillanz zu strahlen vermag. Zwei sehr einfache und pflegeleichte Pflanzen beweisen: Edler Beetschmuck muss weder teuer noch kompliziert sein. »Darling« Lavendel in königlichem Blau und der liebliche Frauenmantel *(Alchemilla mollis)*, mit seinen goldgrünlichen Funkel-Blütchen sind ein herrliches Pärchen. Sie verkörpern den diskreten Charme der Aristokratie genau so gut wie die hochkarätigen Pflanzenprinzen und -prinzessinnen, die viel Aufhebens um sich machen. Mit geradezu wunderbarer Leichtigkeit können Gärtner/innen aus einem reichen Angebot sowohl an Gold- als auch an Blautönen schöpfen und ihre ganz eigenen Kreationen schaffen.
Sieht man eine gefällige Kombination, so müssen es nicht unbedingt genau dieselben Pflanzen sein, um den gewünschten Effekt zu erreichen. Die Pflanzpartner sind großzügig austauschbar, und trotzdem ist das gewünschte Ergebnis eines erlesenen blaugoldenen Beetschmucks leicht zu erreichen. Man braucht sich also nicht mit divenhaften Pflanzengeschöpfen aufzuhalten, sondern kann bewährte und pflegeleichte auswählen, um langfristig Freude am eleganten Arrangement zu haben. Ganz im Sinne der jungen Royals, die heute lieber bürgerliche Partner wählen.

Links: Ein Klassiker im eleganten Beet ist die Verbindung von Gold und Blau, die hier in einer kühlen und kostbaren Weise von hellgoldener Sumpf-Wolfsmilch und dem Haltung annehmenden royalblauen Eisenhut zelebriert wird.

Rechts: Kostbares Blau-Gold im Beet geht auch kostengünstig: Lavendel und Frauenmantel sind ein sehr elegantes, bürgerliches Pärchen mit dem Charme der Aristokratie.

Schmucker Kontrast

Goldpflanzen sind viel leichter zu verwenden, als allgemein angenommen wird. Vielleicht liegt es an der Nähe zu Gelb, das entsprechend der Drei-Farben-Theorie neben Blau und Rot zu den Primärfarben gehört. Aus diesen drei Grundfarben lassen sich alle anderen Farben mischen. Eine Mischung aus Gelb und Blau ergibt als Sekundärfarbe Grün, die häufigste Farbe im Pflanzenreich. Rot und Gelb gemischt ergibt Orange, die Farbe der Sonne. So kommt Gelb eine zentrale Rolle in der Gestaltung von harmonischen Beeten zu.

Farben haben jeweils verschiedene Wirkungen auf uns und man unterscheidet warme und kalte Farben. Die warmen Farben liegen auf dem Farbkreis im Spektrum Rot, Orange und Gelb, die alle drei in unterschiedlicher Zusammensetzung bei Goldtönen mitwirken. Gold ist die Farbe der Harmonie.

Alle Gold- und Gelbtöne vertragen sich zusammen wunderbar im Beet! So erscheint Gold auch wie das lebenspendende Sonnenlicht, das unsere Laune hebt. Dies kann gerne als Plädoyer für Gold im Garten gewertet werden, denn es fördert den Optimismus, eine Grundtugend jedes Gärtners und jeder Gärtnerin.

Elfenbein und Ebenholz

Die duftig helle Wolke aus der Färberkamille (*Anthemis*-Hybride) 'Sauce Hollandaise' (Foto rechts) wirkt wie zartes Gold, während der Sonnenhut *(Rudbeckia occidentalis)* 'Green Wizard' im Vordergrund sehr exzentrische Blüten aufweist. Seine säulenförmigen, schwarzen Kolben sind nur von grünen Hüllblättern umgeben, die sonst viel auffälligeren Strahlenblüten fehlen bei dieser Sorte gänzlich.

Gold und Silber lieb ich sehr

Wie gemalt fällt das elegante Beet von der Mauer charmant bis auf den Kiesweg ab. Die große Harmonie wird durch die sich wiederholenden Farben und Formen geschaffen. So nimmt der Betrachter zunächst die Gesamtkomposition der Beet-

Die sanft goldene Leinwand aus den Blüten der Färberkamille ist der ideale Hintergrund für die bizarren, schwarzen Blütenkolben von *Rudbeckia occidentalis* 'Green Wizard', einer merkwürdigen Sonnenhutform ohne Krempe.

gestaltung wahr, bevor sich das Auge auf die aparten Farben und kunstvollen Formen konzentriert. Häufig liest man in Gartenratgebern, eine gute Beetgestaltung solle wie ein schönes Gemälde sein: Voilà, hier es perfekt gelungen!

Obwohl das Ganze mehr ist als die Summe seiner Teile, lohnt es sich, die Beetpflanzen zunächst einzeln zu betrachten, bevor das Konzept analysiert wird. Im Vordergrund steht die *Achillea*-Hybride 'Coronation Gold' und glänzt – Nomen est Omen – mit sattgoldenen Tellern, die strahlen wie das Krönungsgold der Queen. Das silbrige Fiederlaub leitet wunderbar zur Nachbarin über, der edlen Elfenbeindistel *(Eryngium giganteum)* 'Miss Willmott's Ghost' (die Geschichte der Namenspatronin siehe Pflanzenporträt S. 16). Unter den imposanten, bläulichen Blütenkegelköpfen sitzen starre, apart silbrige Hüllblätter von bizarrer Gestalt. Die sehr auffällige Pflanze, in einzelnen Silber-Tuffs entlang dem Beet gepflanzt, fällt sofort ins Auge und verleiht der Gesellschaft Glanz. Gärtners Liebling, der Frauenmantel *(Alchemilla mollis)*, perlt sanft mit seiner fein goldigen Blütenpracht auf den Wegbelag und säumt das Ganze ein.

In der zweiten Reihe wurden etwas höhere Pflanzen positioniert. Leuchtend rosafarbener Sommerphlox *(Phlox paniculata)* 'Bright Eyes' strahlt mit seinen pink leuchtenden Augen und weiter hinten die lilarosa Sorte 'Judy'. Das weiße Highlight ist Gefülltes Mutterkraut *(Tanacetum parthenium)* 'Sissinghurst White' (= 'Rowallane').

Ein heiter festlicher Eindruck geht von der eleganten Staudenrabatte aus, der durch die brillanten Edelmetallfarben Silber und Gold erzeugt wird. Die Farben sind geschmackvoll komponiert und die meist rundlichen Tuffs durch ihre unterschiedlichen Helligkeitsgrade klar gegliedert. Wiederholungen machen den harmonisch ruhigen Rhythmus des Beetes aus. Die Höhenstaffelung ist klassisch: hinten die Großen und vorne die Kleinen. Trotz der recht oberflächenbündigen Anordnung hat das aparte Beet eine angenehme Spannung. Dieser Effekt wird durch eine überlegte Pflanzenwahl erzielt, bei der die auffälligen Pflanzen in gleichmäßigem Takt positioniert werden.

Die kostbaren Edelmetallfarben Silber und Gold lassen das Beet festlich schillern. Rhythmische Wiederholungen von gezielt gewählten Stauden takten das Prachtbeet.

Elegante Reflexionen für besondere Stunden

Goldene Reflexe der untergehenden Sonne und silbernes Schimmern am Morgen fangen sich besonders malerisch an den sehr filigranen Blüten- und Blattstrukturen von Gräsern, die im passenden Winkel zur Lichtquelle stehen.

Fang den Sonnenschein

Diese stimmungsvolle Aufnahme entstand sehr früh morgens im wunderbaren, ländlichen Garten von Rosemary Alexander, die in London die renommierte *Chelsea Gardening School* gegründet hat. Sogleich kam mir der Gedanke, flüssiges Gold vor der Linse zu haben. Von seltener Intensität waren die sprühend goldenen Reflexe des von Grasblüten eingefangenen ersten Sonnenlichtes: ein wahrer Glücksmoment. Die Wunderpflanze ist das stattliche Riesen-Federgras *(Stipa gigantea)*, dessen Namen man sich merken sollte, denn es besitzt absoluten Kult-Status in England, dem Mekka der Gartenkunst.

Die frühmorgendliche »Lightshow« lebt vom Kontrast der scheinbar in flüssiges Gold getauchten fragilen Blütenfontänen des Riesen-Federgrases und der wie Champagner schäumenden Frauenmantel-Blütchen zur bläulich grünen Gesamtgestaltung.

Das äußerst duftig wirkende, imposante Solitärgras erreicht stolze 1,80 Meter Höhe. Es zählt zu den Süßgräsern und trägt zur Reifezeit glänzende, haferähnliche Blütenrispen, die wie Goldfontänen im warmen Morgenlicht glitzern und als grandioser Lichtfänger ein bezauberndes Schauspiel inszenieren. Ausgesprochene Eleganz prägt das »gigantische« Gras. Seine anmutig gebogenen Halme, die im unteren Bereich in einer apart grausilbrigen Farbe schillern, zeigen trotz der mannshohen Größe eine erstaunlich fragile Transparenz, die mit einem spannungsvollen Schleiereffekt gepaart ist. Im richtigen Winkel zur untergehenden Sonne gepflanzt, entwirft das Riesen-Federgras stimmungsgeladene Gartenbilder, deren Poesie noch lange beim Betrachter nachschwingt.

Im Vordergrund fangen sich die morgendlichen Lichtspiele mit hellgoldenem Glanz in den perlenden Blütensträußchen des Frauenmantels. Die Reflexion der zarten Strukturen in den warmen Sonnenfarbtönen steht im edlen Kontrast zur übrigen bläulich grünen Beet-Grundfarbe. Silbernuancen bringen die wachsartig gerüschten Blätter des rosa blühenden Mohns ins Bild und die blausilbrigen Halme der Gräserbüschel im Hintergrund. Saftig grüne, glatt getrimmte Buchsbaum-Kugeln übernehmen den ruhenden

Pol im eleganten Beet und sind nobler Blickfang in der graslosen Zeit. Die fächerartig aufgestellten und sich umeinander drehenden Bergenien-Blätter setzen mit ihrer wuchtigen Präsenz den Schlusspunkt unter diese stimmungsvoll elegante Beetgestaltung.

Moderne Lichtspiele

Um großartige, unkonventionelle und unvergessliche Pflanzenbilder zu schaffen, braucht es neben guter Kenntnis der ausgewählten Pflanzen eine gesunde Portion an Intuition. Das kreative Zusammenspiel von Formen und Farbkompositionen bildet die Grundlage. Dabei sollten die Pflanzen keinesfalls nur auf ihre Blüten reduziert werden, sondern auch Knospen und Früchte können von außergewöhnlicher Schönheit sein. Für eine dauerhaft attraktive Beetgestaltung werden der Habitus von Pflanzen, ihre Bewegung im Wind und das Aussehen während unterschiedlicher Jahreszeiten in die Auswahl mit einbezogen. Farbe und Form der Blätter können als schmückende Elemente den Gesamteindruck stark beeinflussen.

Dieses spannungsvolle und innovative Pflanzenbild (Foto rechts) baut sich mit einer farblich erlesenen, zurückhaltenden Eleganz auf. Zwischen den kontrastreichen Formen entsteht ein subtil lebendiger Dialog, der sich auf einer niveauvollen und neuartigen Basis bewegt. Den dynamischen, heckenähnlichen Hintergrund bilden die aufstrebenden und sich explosiv streckenden Halme des weißbunten Chinaschilfs *(Miscanthus sinensis)* 'Morning Light'. Die metallische Silberfarbe zieht Licht an und strahlt es mit kühler Eleganz zurück. Die frischen, gelblichen Reflexe der Blütenschalen der Sumpf-Wolfsmilch *(Euphorbia palustris)* erscheinen dagegen wie die Goldtupfen eines Gemäldes im Stil des Pointillismus.

So weit wäre es trotzdem ein etwas nichtssagendes Bild. Erst die ausdrucksstarken Paukenschläge der weißen Kugeldistel *(Echinops sphaerocephalus)* in der Bildmitte bringen die entscheidende Dynamik in das geniale Pflanzenbild. Die extravaganten Kugelblüten sind noch in ihrem stacheligen Knospenstadium. Bei näherer Betrachtung bestaunt man die seeigelähnlichen, absolut geometrischen Strukturen, die einer dreidimensionalen Computer-Grafik entsprungen zu sein scheinen. Die gestaffelte Höhenverteilung der Distelbälle erzeugt bei aller strukturellen Statik die Illusion von fliegenden Bällen eines Zirkus-Jongleurs. Dieses moderne Pflanzenbild überzeugt mit nur drei Farben und Formen: Das ist zukunftsweisende Genialität und supermoderne Eleganz.

Das ultramoderne, elegante Pflanzbild aus nur drei Formen und Farben zeugt von der Intuition, der innovativen Schaffenskraft und Genialität des Garten-Designers.

Goldene Kuppeln

Kuppeln sind halbkugel- oder glockenförmige Gebäudedecken, die häufig im Sakralbau zu finden sind. Die herrlichen Kirchen von St. Peterburg leuchten mit ihren vergoldeten Kuppeln wie eine zweite Sonne am blauen Himmel. Es scheint die innigste Verbindung von Himmel und Erde zu sein. Auch im Garten sind Goldkuppeln äußerst elegante Erscheinungen. Ist ihre Form in der Natur auch nur selten zu finden, haben sie von Menschenhand geschaffen in der Gartenkultur seit Jahrhunderten einen festen Platz. Der Formschnitt von Buchsbaum und Eibe war bereits in römischer Zeit beliebt, erlebte in der Renaissance eine Wiedergeburt und ist heute fester Bestandteil der Gartenarchitektur. Ein ganz besonderes Highlight sind gerundete Formschnitte in Goldtönen, spiegeln sie doch die Pracht vergoldeter Dachkuppeln wider und erinnern an berühmte Gebäude.

Kunstvolle Goldgewölbe

Im Knotengarten von *Barnsley House* in England (Foto rechts) dreht sich das attraktiv verschlungene Muster kleiner Hecken-Kordeln um eine zentrale Halbkugel aus gelbem Buchs *(Buxus microphylla)* 'Golden Dream'. Die glatte Oberfläche, die durch häufiges und exaktes Schneiden entstand, lässt die Buchsbaum-Halbkugel wie helles Gold in der Sonne schimmern. An den vier Seiten des Knotenparterres stehen jeweils eindrucksvolle Formschnitte aus Ilex *(Ilex aquifolium)* 'Golden King'. Als Etagen-Formschnitt sind die fürstlichen Gestalten ebenfalls mit einer Kuppel gekrönt, die vom Sonnenlicht in Gold getaucht scheint.
Dieses Beet mit seinen golden Kuppeln ist ein »Eyecatcher«, an dessen Anblick man sich immer erinnert. Der berühmte Knotengarten von Rosemary Verey schrieb Gartengeschichte und ist eine Mona Lisa der Gartenkunst. Für die eigene Gartengestaltung sollte bedacht werden, solch ausdrucksstarke Gold-Formschnitte nur sparsam einzusetzen, um ihre Besonderheit hervorzuheben. Sie sollten als virtuose Solisten alleine Glanz verbreiten dürfen.

Eine robustere Alternative zu Ilex ist der Lebensbaum *(Thuja occidentalis)* 'Rheingold', der in der Jugend kugelig gedrungen, später säulenförmig wächst und durch Formschnitt zu aparten Figuren modelliert werden kann. Die Sorte 'Amber Gold' wächst als natürliche Kugel kompakt mit leuchtend goldener Farbe. 'Aurea' dagegen bietet als goldfarbener Großstrauch von Natur aus eine elegante Tropfenform. In England wird für größere Formschnitte die Gold-Eibe *(Taxus baccata)* 'Washingtonii' gewählt, sie steht, zu eindrucksvollen Fantasiefiguren geschnitten, in Prince Charles' Garten *Highgrove*.

An den vier Ecken des berühmten Knotengartens von Barnsley House stehen fürstliche Ilex-Etagen-Formschnitte, deren goldene Kuppeln sich in der mittigen Kugel aus Gold-Buchsbaum wiederholen. Die runden Formen werden von den Buchs-Kordeln eingerahmt.

Aufgespannte Schirme

Flache Goldkuppeln sind für den eleganten Garten ebenfalls von großem Reiz. Die Gold-Garben-Sorte (*Achillea*-Hybride) 'Coronation Gold' hat flach gewölbte Blütenteller, die über silbrigen Stängeln und Blättern gut verteilt stehen (Foto Seite 69 links). Ihre Goldteller sind in unterschiedlicher Höhe gestaffelt und man fühlt sich an den brisanten Auftritt eines Zirkus-Jongleurs erinnert, der alle Tellerchen in Position hält. Im Beet ähneln sie auch einem Regen von Sterntalern, die in Farbe und Struktur auf sich aufmerksam machen. Die gesamte Blütenformation ist ebenfalls leicht kuppelartig gewölbt ausgeprägt.

Im Hintergrund wie auch vorne im Bild wölben sich die schirmartigen Kronen dreier Trompetenbäume *(Catalpa bignonioides)* der Sorte 'Aurea'. Derartige Bäume werden bis zu zehn Meter hoch und acht Meter breit. Das würde den Rahmen jedes Beetes sehr schnell sprengen. Diese *Catalpa*-Exemplare werden jedes Jahr im Winter radikal zurückgeschnitten und treiben aus dem Stumpf neu aus. Sie schieben im Frühjahr ihre zunächst goldgelben, später goldgrünen großen herzförmigen Blätter zu einer sanft gewölbten Kuppel aus. Diese verbreitert sich schirmartig nach außen und scheint trotz ihrer Größe mit leichter Eleganz über dem Beet zu schweben. Geradezu durchscheinend wirken die Blätter und bilden mit ihrer interessanten Positionierung eine sehr aparte Baum-Skulptur.

Über einen ähnlichen, aber natürlich gewachsenen Habitus verfügt der Berg-Ahorn *(Acer pseudoplatanus)* 'Brilliantissimum', der als kleiner Baum eine kuppelförmige und dichte Krone zeigt. Seine hübschen fünflappigen Blätter sind im Austrieb zunächst damenhaft lachsrosa, danach goldfarben und im Sommer grünlich golden. Kuppelartige Gartenformen wirken mit ihren weichen Linien fließend und richtig positioniert, verschmelzen sie zu einem Bild voller Harmonie und Ausgewogenheit.

Goldene Kuppeln strahlen exklusiv, gemischt mit grünen Kissenformen entsteht eine ruhige Wellenbewegung in der Pflanzung – alles bleibt im Fluss. Das Auge wandert über die sich wiederholenden Silhouetten der Pflanzen und findet Ruhe im wogenden Rhythmus des Beetes. Solche organisch ausgewogenen Gartenszenen bergen in sich eine natürlich Eleganz und entspannte Schönheit, die einen in ihren Bann zieht.

Links: Die gewölbten Blütenkuppeln der Gold-Garbe 'Coronation Gold' glänzen wie flache Goldtellerchen und die licht schimmernden Herzblätter der Gold-Trompetenbäume scheinen wie Schirme darüber zu schweben.

Rechts: Goldkuppel im Kleinen – die Gold-Wolfsmilch *(Euphorbia polychroma)* bildet dichte halbkugelige Horste.

Märchenhaftes Goldwasser

Wasser im Garten hat immer einen ganz besonderen Reiz, weil es die Umgebung widerspiegelt. Als Gestaltungselement ist Wasser ein sehr spezielles Medium. Es ist flüssig und durchsichtig und damit der Gegenpol zur festen und opaken Erde. Wasser ist Lebenselixier, denn ohne Wasser ist ein Leben auf der Erde nicht möglich. Seit der Antike spielt Wasser in der Gartengestaltung eine große Rolle. Im alten Rom war Wasser in Form von Brunnen und Becken allgegenwärtig.
Der Faszination Wasser kann sich kaum ein Gärtner entziehen. Fließendes Wasser bringt einen wunderbaren Klang, aber besonders attraktiv sind glatte Wasseroberflächen, die ihre Umgebung auf elegante Art spiegeln und damit verstärken. Daher ist es ein gutes Gartendesign-Prinzip, die Wasserfläche nicht mit Pflanzen zu »verstopfen«, sondern durch die spiegelnde Oberfläche die Umgebung stimmungsvoll einzubeziehen. Das Gemälde Caravaggios »Narziss« thematisiert den griechischen Mythos des selbstverliebten Knaben, der sein eigenes Spiegelbild im Wasser weder berühren noch sich von ihm lösen kann. Er verging darüber und verwandelte sich in eine Narzisse. Bis heute spiegeln sich die nach ihm benannten Zwiebelpflanzen gerne auf einer Wasseroberfläche. Osterglocken die nahe am Ufer stehen, scheinen sich im Frühling selbst zu betrachten.

Spieglein, Spieglein …

Die Farbe Gold spiegelt sich besonders elegant auf einer Teichoberfläche (Foto links). Das glänzende Wasser lässt die Blüten wie wertvolles Edelmetall schimmern. Die Schönheit der Blüten am Teichrand wiederholt sich im Spiegelbild, das den Nimbus der königlichen Farbe verstärkt. Gold-Felberich *(Lysimachia punctata)* zieht es im Sommer mit seinen aufrechten Blütenrispen ganz nah an das Ufer, als wollte er sich, wie einst Narziss, selbst auf der Wasseroberfläche anschauen. Ein Sonnenstrahl trifft die Goldblüten und erhellt den morgendlichen Garten. Die goldfarbene Doppelung strahlt am Ufer taghell. Dieser faszinierende Effekt lässt sich mit unterschiedlichsten Pflanzen erzielen, wie z. B. mit gelben Taglilien *(Hemerocallis)* oder an einer steilen Böschung durch einen dekorativen Teppich von Gold-Pfennigkraut *(Lysimachia nummularia)* 'Aurea'. Goldgelbe Blüten und Blätter

Die Blütenrispen des Gold-Felberichs, von einem Sonnenstrahl ins Rampenlicht gesetzt, spiegeln sich als malerische Doppelung und tauchen die Oberfläche in Gold.

am Wasser verleihen als Goldspiegel einen Hauch von König Midas und beschenken ein Gartenbild überreich.

Goldene Ufer und Elfen-Charme

Für den Teichrand sind goldfarbene *Hosta* besonders geeignet, schätzen sie doch einen feuchten Untergrund und hohe Luftfeuchtigkeit. Ihr Sortenspektrum ist immens und eröffnet eine Riesenauswahl. Vom Goldzwerg *(Hosta*-Hybride) 'Cracker Crumbs' bis zur Goldriesin 'Sum and Substance' sind alle Formate vertreten. Hier am Teichrand (Foto rechts) bezaubert die Blau-Gold-Funkie *(Hosta*-Hybride) 'June'. Mit ihrem raffinierten Farbspiel und ihrer Höhe von 25 Zentimetern ist sie ein sehr beliebtes Schätzchen auch für kleine Gärten. In der Sonne strahlt der frische, helle Goldton und bildet prachtvolle Blatthorste, die einen Gewässerrand in pures Gold verwandeln. Eine etwas höher wachsende Variante von 'June' heißt 'June Fever' und leuchtet an sonnigen Standorten in einem sensationellen satten 24-Karat-Gold-Ton. Ihre anmutigen Blätter sind von einem aparten, grünblauen Rand gefasst. Noch ist sie eine Rarität, doch sicherlich das künftige Juwel des eleganten Gartens. Gerne prophezeie ich diesem Sternchen eine goldene Zukunft. Ein weiterer, größerer Gold-Jungstar (50–60 cm) ist 'Stained Glass' mit grandios leuchtenden, glänzenden Blättern und duftenden, weißen Blüten. Als gelungene Variante der beliebten *Hosta* 'Guacamole' zeigt sie ihre brillante Farbe die ganze Saison hindurch. Die herzförmigen Blätter sind elegant gewellt und erfreulich sonnentolerant.
Ein Tipp: Finden *Hosta* direkt am Teichrand keinen Platz, erreichen sie in einen höheren Kübel gepflanzt spielend eine ihrem Spiegelbild zuträgliche Höhe. Vorteil ist, man hat die Schnecken besser im Griff und kann den herrlichen Blütenduft, den einige Sorten entfalten, genießen, ohne sich zu bücken.

Rechts: Die Blau-Gold-Funkie 'June' macht am Gewässerrand eine exzellente Figur. Einen ähnlichen Effekt können viele goldblättrige *Hosta* erzielen, unabhängig ob klein oder groß.

Unten: Die hellgoldene Blüte einer Akelei 'Yellow Queen' scheint mit ihrem Tellerröckchen und den filigranen Spornen dem Reich von Elfen und Feen entsprungen.

Selbst auf das Wasser schauen kann der Klassiker 'Sum and Substance'. Diese Sorte erreicht im Alter eine Höhe bis zu einem Meter. Ihre attraktive Blattfarbe macht die imposante Lichtgestalt vom Standort abhängig. Im Schatten erscheinen die sehr großen Herzblätter chartreusefarben, während sie in der vollen Sonne zur goldigen Höchstform auflaufen. Sie ist eine der eindruckvollsten Funkien und ein echter Goldschatz!

Es gibt auch ganz feine Goldtöne, die ein Beet mit mädchenhaftem Charme verzaubern, etwa bei der Gold-Akelei *(Aquilegia chrysantha)* 'Yellow Queen'. Die grazilen Sporne ihrer Blüten (Foto unten links) sind wie lange geschwungene Wimpern und die zarte Farbe untermalt ihre fragile Blütensilhouette. In Wassernähe gepflanzt, mutet die federleichte Lichtgestalt wie eine goldige Elfe an. In der Dämmerung entführt sie Fantasiebegabte ins Reich der Märchen und Mythen. Akeleien sind die vielleicht apartesten Blütengeschöpfe, zartgliedrig wie eine Libelle. Sie dürfen, unabhängig von ihrer Farbe, in keinem eleganten Garten fehlen.

Schwarz

Wie edle Seide

Schwarz ist die Farbe großer Emotionen und eleganter Mode. Im Garten verkörpert Schwarz glamouröse Provokation und geheimnisvolles Novum. Es ist der Stoff, aus dem moderne Gartenträume sind. Schwarze Blüten und Blätter vereinen gleichzeitig edle Kühle und aufreizende Dramatik. Sie verführen subtil und raffiniert zu einer neuen, bisher nicht erlebten Ebene im Beet: Sex-Appeal.

Magie und Leidenschaft

Irisierend wie Taft, sanft wie Samt und apart wie feinste Spitze erregen schwarze Blüten und Blätter die Sinne und verführen wie keine andere Farbe im Garten. Schwarze Pflanzen sind elegant, mondän, glamourös und vor allem sexy. Mit vornehmer Anmut, stolzer Ausdruckskraft bis hin zu geheimnisvoller Magie ist Schwarz stets vibrierend und einfach unwiderstehlich. Es bringt Raffinesse, Provokation und Passion ins Beet.

Im aparten Beet schwingen durch die raffinierte Verwendung von Schwarz neuzeitlicher Chic und geheimnisvolle Sinnlichkeit. Die Staffelung von dunkler *Heuchera* bis zum Teufelsstrauch *(Physocarpus opulifolius)* 'Diabolo' erzeugt modernes Garten-Drama.

Schwarz ist einerseits verführerisch und gilt andererseits als Inbegriff für Noblesse und Eleganz. Coco Chanel verriet, ihr legendäres »kleines Schwarzes« habe einfach alles: die Vereinigung von reinster Schönheit und perfekter Harmonie. Dies trifft ebenso für schwarze Pflanzen zu, die wie ein Magnet die Aufmerksamkeit anziehen. Im Beet verkünden sie Kühnheit und spielen bravourös ihre Rolle subtil zu erregen. Schwarz ist eine starke Farbe: pur, sinnlich und kontraststark zu anderen Partnern. Sie bringt Spannung und Dramatik in den Garten.

Physikalisch ist Schwarz keine Farbe und im Pflanzenreich ist sie selten. Aber die Natur bietet eine reiche Palette edler Schattierungen, die hier alle dem schwarzen Spektrum zugeordnet werden. »Schwarz« ist der Schirm, unter dem die dunkelsten Beetpflanzen definiert werden. Je nach Lichteinfall und -intensität changieren Schwarztöne im Pflanzenreich in unterschiedlichen Farbnuancen. Bordeauxfarbene Blüten tragen wie ein wertvoller Rotwein einen Hauch von opulentem Luxus in sich und schwarzbraune Blattfarben die reiche, schwüle Sinnlichkeit arabischer Nächte. Dunkles Purpur symbolisiert elitäre, prachtvolle Kostbarkeit und blauschwarze Blüten – magisch wie die Nacht – hypnotisieren geradezu mit ihrer kühlen und glanzvollen Extravaganz und geheimnisvollen Exklusivität.

Exzentrisch und dramatisch

Eine Diskussion, ob Blüten oder Blätter tatsächlich schwarz sind, ist überflüssig, weil ihr Anblick den Betrachter unweigerlich in den Bann zieht und fasziniert: »Most sexiest plants on earth!«, sagt man in England. Ambitionierte Gärtner und Gärtnerinnen nutzen die prickelnde Vielseitigkeit schwarzer Pflanzen, um raffinierte Eleganz und gewagte Stimmungen in den Garten zu bringen. Schwarze Schönheiten zaubern große Operngala auch in kleine Beete. Einerlei, ob eine exzentrische Blüten-Primadonna, wie die elegante Robe einer schwarzen Schwertlilie, oder reizvolle schwarze Blatt-Ritter als Statisten, das Ergebnis im Beet ist stets mutig, dramatisch und ein eleganter Blickfang. Schwarz ist ein makelloser Farbakzent und bietet stets einen hinreißenden Kontrast, sowohl in klassisch edlen wie hochmodernen Pflanzkombinationen. Es ist voller Dynamik, Finesse und Chic. Schwarz ist niemals langweilig im Beet und bringt Schwung und Elan in müde Arrangements: kleines Geheimnis – große Wirkung.

Ein Hauch von Silber lässt schwarze Pflanzen nobel schimmern, während Goldtöne und Schwarz in prachtvoller Macht harmonieren. Weiße Blüten leuchten in Gegenwart von schwarzen Partnern im aparten französischen Chic einer *Haute Couture* mit ihrem kultivierten Sex-Appeal. Pastelltöne, mit schwarzen Spitzenblättern kombiniert, erscheinen in femininer Unschuld. Die Verbindung von Schwarz und Crème als exklusive Edition »Zart trifft Stark« verführt mit zeitloser Eleganz. Helles Blattgrün, verbunden mit tiefem Schwarz, ist frisch und fein wie eine Pfefferminz-Schokolade. Eine Rhapsodie in Blau garantiert kühlen Sex-Appeal. Die subtile Vereinigung von Schwarz mit Violett im Boudoir-Stil verströmt die geheime Leidenschaft der *Belle Époque*. Hingegen erzeugen Rot und Schwarz ein dramatisch fulminantes Spektakel, etwa wie in der Oper der rassigen Carmen. Übertroffen wird die Power der vollblütigen Roten noch durch die Macht des leidenschaftlichen Pinks, das Beete mit schwarzen Begleitern förmlich vibrieren lässt und ein wahrer Schocker ist! Schwarz mit mehreren Power-Partnern zu vereinigen gleicht dem infernalen Paukenschlag-Finale des »Bolero« von Ravel. Bühne frei für Schwarz!

Schwarze Pflanzarrangements, Ton in Ton gehalten, sind die Kür und Krönung der Eleganz im Beet. Hier sind Wagemut und Experimentierfreude gefragt, die vielen exquisiten Farbnuancen schwarzer Blüten und Blätter zu einem geschmeidigen Tango zu choreographieren. Dies gelingt jedoch traumtänzerischer als gedacht, weil alle schwarzen Blüten und Blätter ihr ganz eigenes Farbspiel einbringen. Arrangieren Sie so schwarz wie möglich, behalten Sie aber den Sättigungspunkt im Auge. Damit Ihr Beet kein schwarzes Loch wird, fügen Sie ein paar hellere Nuancen als »Highlighter« ein. Schwarze Trendtöne haben das gewisse Etwas. Innovative, freigeistige und kreative Gärtner wissen längst: »Black is beautiful«!

Schlangenbart *(Ophiopogon planiscapus)* 'Niger', das rabenschwarze, grasähnliche Maiglöckchengewächs, ist der Liebling schwarzer Gartenkunst. Der Horst aus tintenschwarzen Riemchenblättern ist das magische Zentrum dieser ausgefallenen und ausdrucksstarken Beetgestaltung. Das dunkle Purpurglöckchen *(Heuchera micrantha)* 'Rachel' umkränzt die schwarze Mitte, oben und unten die dreifarbige *Heucherella* 'Tapestry'. Letztere, eine attraktive Kreuzung von *Heuchera* und *Tiarella*, nimmt in den dunklen Blattadern das schwarze Thema exzellent auf und verfeinert die Komposition mit Grün- und Silbertönen. Weinrote und gar tiefschwarze Primelblütchen verleihen zusätzlich einen exquisit femininen Touch.

Schwarzer Günsel, *Ajuga reptans* 'Atropurpurea'

Wuchs: Der schnellwüchsige, äußerst anpassungsfähige, immergrüne Bodendecker erreicht 20 cm Höhe. Seine minzeartigen Blätter glänzen metallisch und sind dunkel purpurfarben mit lebhaft gewellter Struktur. Sie bleiben das ganze Jahr hindurch zuverlässig sehr attraktiv.

Blüte: Blütezeit April bis Mai. Die hübschen, blauvioletten Blütenähren bilden im Frühjahr einen reizvollen und edlen Kontrast zum dunklen Laub.

Standort: Halbschatten, verträgt auf feuchten Böden aber auch Sonne. Ist anspruchslos, pflegeleicht und erträgt armen Boden. Völlig winterhart.

Pflege: Keine.

Verwendung: Als modisch dunkler Blatttteppich für alle schattigen Bereiche ein schönes Passepartout. Wie ein schwarzes Seidentuch setzt der gütige Günsel seine Nachbarn in Szene. Gelbe Frühlingsblüher leuchten elitär und lila Krokusse werden zu raffinierten Verführern. Sein flacher Wuchs überlässt Pflanzenpartnern galant den größeren Auftritt. Schwarzer Günsel ist der weltmännische »Walker« für die schummerig dunklen Lebensräume.

Varianten: 'Burgundy Glow' wirkt wie ein Glas edlen Rotweins und erzeugt mit seinem Silberglanz einen eindrucksvollen Winterteppich. Die Hybride 'Ebony' ist schwarz wie Ebenholz und mit ihren royalblauen Blüten ebenso exklusiv wie auch ihr Verwandter 'Braunherz'. Als dunkelster Günsel tritt 'Black Scallop' auf, der auch im tiefsten Schatten mit seinen perfekt geformten Rosetten, erlesenem Glanz und rassig blauen Blüten besticht. Ausdrucksvoller, sexy Partner im Schattenbeet.

Schwarzer Günsel: bieder der Name, aber effektvoll die Wirkung im Halbschatten. Die glanzvollen, gesunden Blätter arrangieren sich schnell zu einer geschlossenen, lebhaften Bodendecke: eine pflanzliche Version von Lack und Leder.

Schwarze Stockrose, *Alcea rosea* 'Nigra'

Wuchs: Schlanke, stattliche, bis zu 250 cm hohe Prachtstaude, wirkt geheimnisvoll, sogar »gothic«. Die verblüffende Größe in Kombination mit den tiefschwarzen, aufregenden Seidenblüten machen sie zu einem echten Blickfang, der die Sinne anregt.

Blüte: Blütezeit Juli/August. Die zartbitter-schokoladigen, schimmernden Blüten mit gelbem Schlund stehen in endständigen Trauben. Sie betören und provozieren mit ihrer schwarzen, irisierenden Seiden-Optik. Obwohl die Stockrose von Haus aus eine klassische Bauerngartenpflanze ist, tritt sie als schwarze Lady total mondän und sehr extravagant auf.

Standort: Vollsonnig bis sonnig. Nährstoffreicher und frischer Platz, in möglichst windgeschützter Lage.

Pflege: Stockrosen sollten im Herbst gepflanzt werden, möchte man im Folgejahr große und kräftige Pflanzen haben. Die Pflanze ist zweijährig, man zieht sie aus Samen an, sie versamt sich aber auch selbst. Wegen Malvenrostanfälligkeit sollte der Rückschnitt bald nach der Blüte erfolgen.

Verwendung: Die Schwarze Stockrose ist die Amazone der Beete. Besonders attraktiv als stolze Kurtisane entlang von Zäunen oder vor einer hellen Hauswand. In der gemischten Rabatte spielt sie gerne das »enfant terrible«, das magisch die staunende Aufmerksamkeit auf sich zieht. Als elegante Nachbarin mit Luxus-Aura bringt sie den Glamour-Faktor ins Beet.

Varianten: 'Arabian Nights' hat einfache oder orientalisch opulent gefüllte Blüten, die als schwarze, reizvolle Seidenrüschen besonders sinnlich anmuten.

Schwarze Stockrosen – in Bunt nur brave Bauernblumen – haben sich extra fein gemacht. Mit subtilem schimmerndem Seidenglanz und modelmäßigem Gardemaß überraschen sie wie königliche Mätressen.

Dunkle Oktober-Silberkerze, *Cimicifuga simplex (= Actaea simplex)* 'Brunette'

Wuchs: 140–150 cm hoch. Intensiv schwarzrotes, gefiedertes, üppiges Laub macht die Brünette zu einer sehr begehrenswerten, dunklen Schönheit. Diese Silberkerze ist eine Lady mit Stil: stolz, anmutig und subtil verführerisch. Mit geschmeidiger Eleganz und selbstbewusster Standfestigkeit schiebt sie ihren dunklen Austrieb in die Höhe, entfaltet ihre Blätter wie delikate Brüsseler Spitze. Silberkerzen sind mit ihrer ansehnlichen Größe die mondänen Top-Models des Gartens!

Blüte: Aus schwarzen »Kaviar-Kugeln« öffnen sich im September/Oktober die kerzengeraden, aufrechten weißen Blütenrispen, die damenhaft rosa überhaucht sind. Die schlanken Kerzenblüten bestehen aus zahllosen Einzelblütchen und wirken besonders im weichen Licht des Herbstes wie ein kostbarer, weißer Zobelbesatz.

Standort: Halbschatten. Humusreicher, frischer Boden. Ausreichend wässern, mit Kompost düngen.

Pflege: Bei Frostgefahr nach dem Austrieb mit Vlies abdecken.

'Brunette' ist mehr als nur nett! Edle, schlanke Silberkerzen-Blütenstände erheben sich aus dessousgleichen Spitzen-Blättern. Die schwarzroten Fiedern sind ein aparter Blattschmuck und die Pflanze auch ohne Blüten ein äußerst elegantes Beetgeschöpf.

Verwendung: Silberkerzen gehören zu den wertvollsten Herbstpflanzen. Besonders wirkungsvoll treten die langen, hellen Blütentrauben vor einem dunklen Hintergrund in Erscheinung. Die distinguierten Schmuckstauden integrieren sich erstaunlich entspannt in ein Beet und beherrschen spielend das gesamte Repertoire von der extravaganten Solistin bis zur freundlichen Nachbarin, überzeugen aber auch in eleganten Gruppen.

Varianten: *C. simplex* 'Atropurpurea' ist die stattliche Klassikerin (180 cm) mit graziösen weißen Blütenrispen. 'White Pearl' (140 cm) setzt wie ein kostbarer Kandelaber neue Akzente. Eine Vielzahl reich verzweigter und leicht überhängender Blütenkerzen erstrahlen magisch in herbstlichen Beeten und sind wie alle Silberkerzen ein echter Blickfang.
'Pink Spike' ist die zartrosa angehauchte September-Silberkerze *(A. simplex)*, eher eine Petite (120–150 cm), ihre Blüten sind wie ein Puderquast geplustert und haben eine sehr gute Fernwirkung.

Dahlie, *Dahlia* 'Bishop of Llandaff'

Wuchs: Höhe 100 cm, dunkles, fast schwarzes, apart fein geschlitztes Laub, das nobel glänzt und schimmert.

Blüte: Sehr lange Blütezeit von Juni bis Oktober. Die feuerrote, leuchtende, päonienblütige Dahlie besitzt mit ihren offenen Blütengesichtern (Durchmesser 10 cm) einen natürlichen Charme.

Standort: Voll sonnig, wie alle Dahlien. Nahrhafter, lockerer, frischer bis feuchter, aber durchlässiger Boden. Bei Trockenheit wässern.

Pflege: Abgeblühtes regelmäßig entfernen, evtl. an windigen Plätzen aufbinden und stützen. Bei den ersten Herbstfrösten Knollen aus der Erde nehmen. Kühl, frostfrei und trocken überwintern.

Verwendung: Ideal in Staudenbeeten wegen ihrer ausgefallenen schwarzen Blätter und ihrer enormen Blühbereitschaft. Eine sehr wertvolle Pflanze, deren kraftvolles Farbzusammenspiel von dunklen Blättern und intensiv roten Blüten göttlich ist! Genial ist eine Sammlung aus »Bischöfen« (alle Sorten der »Bishop«-Serie tragen dunkles Laub). Dann leuchten auf der dunklen Blätterbühne die Blüten außerirdisch!

Varianten: Weitere schwarzblättrige Dahlien aus der prächtigen bischöflichen Sammlung sind: 'Bishop of Auckland' (schwarzrote Blüte), 'Bishop of Canterbury' (pinkfarbene Blüte), 'Bishop of Leicester' (rosa Blüte), 'Bishop of York' (bronzegelbe Blüte), 'Bishop of Oxford' (orangefarbene Blüte) und 'Bishop of Dover' (weiß mit violettem Hauch).

Alle schwarzblättrigen Vertreterinnen der Dahlien setzen spannungsvolle Akzente ins Beet. Sie tragen über ihren lackglänzenden Fiederblättern jedoch auch hübsche Blütengesichter.

Purpurglöckchen, *Heuchera micrantha* 'Palace Purple'

Wuchs: Immergrüne, polsterartige und halbkugelige Horste (45–60 cm) mit verholzenden Wurzelstöcken. Die großen, dunkelvioletten bis bronzeroten Blätter sind ausgeprägt geadert und am Rand gezackt. Sie haben einen irisierenden, metallischen Schimmer, der sehr kostbar erscheint.

Blüte: Die lockeren, delikaten Blütenrispen (bis zu 90 cm hoch) erscheinen im Juli/August und tragen winzige Blütchen in Glockenform. Ihre roten Staubgefäße wie auch die rosa Samenköpfchen vermitteln einen changierenden lachsrosa Eindruck. Blatt und Blüte sind von hinreißender subtiler Eleganz.

Standort: Halbschattiger Standort, gerne vor Gehölzen. Der Boden sollte frisch und nährstoffreich sein. Ist der Pflanzplatz feucht genug, vertragen Purpurglöckchen ohne weiteres auch mehr Sonne.

Einen Meilenstein unter den dunklen Blattschmuckstauden setzt der Purpurglöckchen-Klassiker 'Palace Purple'. Die muschelartigen, kunstvoll marmorierten Schmuckblätter mit ihrem metallischen Glanz bieten besonders im Kontrast zu pas-tellfarbenen Blüten die hohe Schule von Beeteleganz.

Pflege: Robust und winterhart, bei langer Trockenheit wässern. Rückschnitt, wenn die Blätter unansehnlich geworden sind, empfiehlt sich nur im zeitigen Frühjahr. Teilung alle drei bis vier Jahre. Vorsicht: Dickmaulrüssler lieben *Heucheras*.

Verwendung: Das Purpurglöckchen ist die elegante »Dame noire« des Schattens. Sie eignet sich als vornehmer Bodendecker und als aparte Beeteinfassung. Ihre schmückenden Blätter haben besonders im tristen Winter ihren großen Auftritt. Als stilvolle Schmuckstaude verzaubert sie besonders wertvoll herbstliche Balkone und verschönert Kübel zu allen Jahreszeiten.

Varianten: Die Neuheit 'Molly Bush' zeigt ein sehr dunkles Purpurviolett, das im Winter besonders attraktiv ist. Von den *H.*-Hybriden hat die elegant glänzende 'Obsidian' das schwärzeste Laub. Die rubinroten Blätter von 'Amethyst Myst' sind mit einem filigranen Silbernetz überzogen. Auch das schimmernde, pflaumenfarbene Laub von 'Plum Pudding' weist eine brillante, netzartige Blattzeichnung auf.

Schwarze Bart-Iris, *Iris*-Germanica-Hybride 'Superstition'

Wuchs: 90 cm Höhe erreicht diese Sorte bei guter Verzweigung. Die sehr bewährte Bart-Iris hat, wie alle Schwertlilien, fleischige Rhizomwurzeln und, wie der deutsche Name sagt, schwertartige, breite, spitz zulaufende Blätter.

Blüte: Diese schwarze Göttin ist das edelste und luxuriöseste Gartengeschöpf! Reinste *Haute Couture* für den eleganten Garten. Ihre erlesen schimmernden, verlockend geschwungenen Seidenblüten mit den schwarzen samtigen Bärtchen haben die pure Extravaganz einer großen Diva. Blütezeit Mai/Juni.

Standort: Sehr sonnig, auf sehr durchlässigem Boden. Diesen eventuell mit grobem Sand und Kalksplit aufbereiten. Da die Blätter nach der Blüte nicht mehr so attraktiv sind, Polsterstauden, z. B. Lavendel, in die Nähe setzen.

Pflege: Rhizome müssen flach und frei auf dem Boden liegen, denn sie mögen Sonne.

Verwendung: Jede schwarze Bart-Iris braucht eine Bühne! Um eine solche stolze Primadonna zu genießen, sollte sie von ganz nah in ihrer subtilen Schönheit zu bestaunen sein. Während der fulminanten Blüte ist ein farblich ruhiges Umfeld der angemessene Rahmen für den kurzen und intensiven Rausch, dessen Pracht und Zauber jeden Betrachter in seinen Bann zieht. Leider absolut keine Kübelpflanze.

Varianten: 'Tuxedo' ist schwarz und nobel wie ein Frack (80 cm), dabei gut verzweigt. 'Hello Darkness', die preisgekrönte Schönheit, wirkt wie ein Ballkleid aus schwarzem Taft (90 cm). Eine besonders elegante Note verleiht der Samtbart 'Old Black Magic' jedem Beet, mit 100 cm Höhe das Supermodel der schwarzen Luxus-Ladies.

Iris 'Superstition' (zu deutsch: Aberglaube) hat mit ihren tiefschwarzen schimmernden Seidenblüten großes Show-Potenzial. Die raffinierten Edel-Blüten erinnern an glamouröse Ballroben und strahlen von nah und fern betrachtet großen Sex-Appeal aus.

Purpur-Kreuzkraut, *Ligularia dentata* 'Britt-Marie Crawford'

Wuchs: 60–100 cm Höhe. Auffallend elegante, große, rundliche bis herzförmige Blätter von der satten dunkelroten Farbe eines alten Bordeaux-Weines. Die Unterseite ist wie ein seidiges, wertvolles Mantelfutteral rotviolett getönt und zeigt sich verführerisch bei jedem Windhauch.

Blüte: Goldfarbene, strahlenförmige Blütendolden sitzen im August/September auf hohen Stielen, wie anmutige Sterne.

Standort: Halbschattig bis schattig, auf feuchten bis nassen Plätzen, wie alle Ligularien auch gerne am Teichrand.

Pflege: Robuste Staude, Rückschnitt der Stängel im Herbst, sonst keine besondere Pflege notwendig.

Verwendung: An feuchten bis nassen Standorten zieht die große Schauspielerin 'Britt-Marie Crawford' die Blicke magisch auf sich. Gerne betrachtet sie sich, wie alle Primadonnen und Narzissten, in der spiegelnden Oberfläche eines Teiches. Sie hat den Charme einer Dramakönigin und erzählt ihre Geschichte von Liebe, Leidenschaft und Tragödie. Eine solch extravertierte Persönlichkeit sollte unbedingt im Rampenlicht stehen. Mehrere Pflanzen dieser Sorte dicht zusammen gesetzt wirken wie eine einzige Vollblutdarstellerin.

Varianten: 'Desdemona' (120 cm) gibt ebenfalls großartige Vorstellungen im Beet. 'Othello' ist ein Klassiker aus dem Jahr 1915. Die im Austrieb braunroten Blätter nehmen später eine smarte dunkelgrüne Färbung an. Blüten in dichten Doldenständen wirken wie kostbare Goldschmuck-Broschen. Die *L.*-Hybride 'Zepter' trägt ein langes, auffälliges Blütenzepter (siehe S. 55).

'Britt-Marie Crawford' tritt am feuchten Standort als der Show-Star auf! Ihre großen, flott gewellten Tellerrock-Blätter schimmern weinrot bis schwarz und ein Windhauch lüftet ihre kontrastierende dunkelviolette Unterseite. Auf purpurschwarzen Stielen entfaltet Miss Crawford mit intensiv goldenen Blüten ein Feuerwerk der Eleganz.

Schwarzer Schlangenbart, *Ophiopogon planiscapus* 'Niger'

Wuchs: Schwarz, schwärzer, Schlangenbart! Das Maiglöckchengewächs ist die schwärzeste Staude überhaupt. Ihre schmalen, grasähnlichen Blätter entspringen, gefällig gebogen, aus einem dichten Horst. Höhe 10–20 cm, langsam wachsend. Als immerschwarzer Exot ist der Strubbelkopf auch ein galanter Winterschmuck.

Blüte: Erscheint eher unscheinbar rosa und klein (Juni bis August). Die Früchte, schwarz glänzende Kügelchen, erinnern an exklusiven Kaviar.

Standort: Halbschatten und Schatten. Feuchter und frischer Boden, kann gerne auch lehmig oder moorig sein.

Pflege: Steht die Staude unter Bäumen, sollte im Sommer unbedingt gewässert werden. Bei Kahlfrost schützen.

Verwendung: Vor einigen Jahren kam der Schlangenbart aus England, dem Gartenmode-Mekka, zu uns und machte gleich Furore wegen seiner exzentrischen Farbe. Ob man ihn ganz puristisch zu weißen Kieseln setzt oder als strenge Beeteinfassung verwendet, immer entsteht ein sehr moderner, dramatischer Eindruck. Futuristische Muster können mit einer grafischen Pflanzung kreiert werden. Eine provokante Wirkung erzielt der Schwarzbart, in großen Mengen gepflanzt. Eine rasenartige Fläche wirkt »gothic« und als Band gesetzt, erscheint er fantasievoll und kunstsinnig. Schlangenbart ergibt eine innovativ-elegante Kübelbepflanzung. Breite, stilvolle, schlichte Schalen lassen ihn gedeihen und setzen ihn niveauvoll in Szene. Helle Farben als Begleiter akzentuieren seine schwarze Seele. Mutigen und experimentierfreudigen Gärtnern ist der Schlangenbart ein vorzügliches Medium von dauerhaftem Wert.

Varianten: Der Schlangenbart ist ein Unikat und bislang konkurrenzlos.

Er ist die schwärzeste aller Stauden! Als grasartige Strukturpflanze ist Schwarzer Schlangenbart vielseitig einsetzbar und wirkt am besten in größeren Gruppen oder als Fläche gepflanzt. Sein Platz ist eher am Rand von Beeten oder unter Kleinbäumen – dann muss man aber regelmäßig wässern.

Gefüllter Schwarzer Mohn, *Papaver somniferum* 'Black Peony'

Wuchs: 120 cm Höhe, einjährige Pflanzen mit sehr erlesenen, blaugrün bis silbrig bereiften, charmant gewellten Blättern. Die gesamte Pflanze ist von kühler *Couture*-Eleganz und verbreitet mondänes Diven-Flair.

Blüte: Blütezeit Juni bis August. Wie ein Rüschrock öffnet sich die gefüllte, seidige Blüte (Durchmesser bis zu 10 cm). Sie steht auf einem schlanken, behaarten Stiel. Wahrscheinlich hat 'Black Peony' (Schwarze Pfingstrose) die elegantesten und sinnlichsten Blüten überhaupt. »Most sexiest flower alive!«, finden viele Engländer. Die dunkel purpurfarbene Blüte im Boudoir-Stil gleicht dem raschelnden Rock einer Can-Can-Tänzerin. Ihre stahlblauen, elitär geformten Samenkapseln sind geniale Kunstwerke der Natur, die generös einen zweiten Rausch an Eleganz im Beet offerieren.

Standort: Volle Sonne. Der Boden sollte tiefgründig und wasserdurchlässig sein. Weil der Schlaf-Mohn eine Droge ist, darf man nicht mehr als 10 qm davon anbauen.

Pflege: Am besten streut man die Samen der dunklen Schönheit direkt an den gewünschten Ort. Wegen ihrer langen Pfahlwurzeln mag sie kein Verpflanzen.

Verwendung: Ein Hauch von Pariser Chic für alle Beete! Die schlanke, edel silbrig belaubte, leicht pudrige Pflanze, gepaart mit ihrer sinnlichen Blüte von exquisiter, dunkelvioletter Farbe und ihrer aufregenden Silhouette, sorgt für den »Wow-Faktor« im Beet. Eine echte Primadonna von schwindelerregender Schönheit, die mit kühlem Sex-Appeal mondäne Welt in kleine Beete zaubert.

Varianten: Die Sorte 'Nubian Prince' hat gefranste Blüten: Dieser schwarze Prinz ist in der Tat ein seltener Exot. 'Black Beauty' ist ein einfacher, ungefüllter Mohn in der gleichen Luxus-Farbe.

Mohn hat immer etwas Magisches an sich und Gefüllter Schwarzer Mohn ist pure Sinnlichkeit. Die engen Schichten schimmernder, hauchdünner Blütenblätter haben die Fragilität von Seidenpapier. Die kunstvollen Blüten erinnern an aufgebauschte Tanzröckchen oder Rüschen und gelten in England als »very sexy«.

Afrikanisches Lampenputzergras, *Pennisetum setaceum* 'Rubrum'

Wuchs: 40–90 cm Höhe. Vorzügliches Ornamentgras mit leuchtenden, weinroten bis rotbraunen, eleganten, schlanken, nobel gebogenen Grashalmen.

Blüte: August bis Oktober. Dunkelrosafarbene, sich vornehm neigende fuchsschwanzähnliche Ähren. Deren feine, helle Grannen leuchten mit ihrer rosa Tönung besonders effektvoll im Gegenlicht und bündeln Sonnenstrahlen wie Leuchtstäbe.

Standort: Sonniger, freier Stand, durchlässiger und trockener Boden. Sehr gute voluminöse Kübelpflanzen.

Pflege: Das Gras ist eigentlich mehrjährig, da es in unseren Breiten nicht winterhart ist, wird es als einjährig behandelt. Aussaat im Frühjahr als Voranzucht.

Verwendung: Herbstliche Beete bekommen mit diesem atemberaubend schönen Gras einen Eleganz-Kick. Mit dem Auge tanzt man schwungvollen Walzer von Grasfontäne zu Grasfontäne. Das aparte Geschöpf ist eine ideale Kübelpflanze und mit der schwarz-cremefarbenen Edelmischung von Blatt und Blüte von zeitloser Eleganz. Besonders kommen der geschmeidige Habitus und die wie spritziger Champagner sprühenden Blüten in sehr hohen Terrakotta-Gefäßen zur Geltung. Mit ihren flauschigen Schweifen fungieren sie als malerische Lichtfänger.

Varianten: Die *P.*-Hybride 'Burgundy Giant' ist größer und dunkler weinrot. *P. glaucum* 'Purple Majesty' beeindruckt durch breite, schwertförmige, schwarzrote Blätter und schwärzliche Blütenkolben.

Bei uns kultiviert man das Afrikanische Lampenputzergras einjährig. Die dunkle und mit sprühenden flauschigen Blütenähren zugleich duftige Gestalt bietet einen Sommer lang Eleganz und Farbe pur.

Fetthenne, *Sedum telephium* subsp. *maximum* 'Karfunkelstein'

Wuchs: Höhe 50 cm. Standfester, aufrechter Wuchs mit charakteristischen, sukkulenten, sehr dunkel burgunderroten Blättern, deren Farbintensität im Laufe des Jahres immer ausgeprägter wird. Die attraktiven Geschöpfe mit ihren seidig schimmernden Blättern sind zwar etwas kompakt, aber der Name »Fetthenne« ist gänzlich unpassend, gar niederträchtig für eine solche Spitzenstaude. Aber diese Gewinnerin im Beet steht gelassen darüber.

Blüte: Wertvollen Rubinen gleich funkeln die weinrot-rosafarbenen Blütenkörbe von August bis Oktober. Sie entwickeln sich aus sehr dunklen Knospen und entfachen das Feuer eines in Facetten geschliffenen Edelsteins. 'Karfunkelstein' – »Nomen est Omen«.

Standort: Sonnig und warm, an trockenen bis mäßig trockenen Orten.

Pflege: Keine. Boden sollte aber nicht austrocknen.

'Karfunkelstein' ist ein Ganzjahres-Gartenjuwel. Zwar liebt die burgunderrote, kraftstrotzende Sukkulente die Sonne, aber sie ist bei jedem Wetter eine Frohnatur. Nach herbstlichem Blütenfunkeln hält sie Schneegestöber stand und erfindet sich im Frühjahr neu: ein elegantes Powerpaket.

Verwendung: Ab August beginnt ihr monatelanger, mit Beifall gekrönter Blüten-Auftritt. Herbstbeeten schenkt sie großzügig Opulenz und Glanz. Ihr gebührt ein Logenplatz in der ersten Reihe, wo sie, in regelmäßigen Abständen gepflanzt, den Ton im Beet angibt, ja zur Konzertmeisterin avanciert. Die dunkelroten Juwele wecken an tristen Wintertagen die Erinnerung an den glutvollen »Indian Summer« im Herbst und sind ein willkommener Blickfang in Zeiten der Farblosigkeit. Besonders imposant erscheinen solitäre 'Karfunkelsteine' in Kübeln, die als mobiler Schmuck Beet und Balkon nach Belieben bereichern.

Varianten: Die *S.*-Hybride 'Matrona' ist der lebende Beweis dafür, dass auch vollschlanke Matronen durchaus elegant sein können! Ihre fleischigen, schokoladenfarbenen, proper gezähnten Blätter stehen an dunkelroten Stielen. Zunächst smaragdgrün, changieren die Blüten später zu rosenquarzfarbenen Edelsteinen, eine intensive Winterfreude. 'Purple Emperor' ist von kaiserlicher Pracht. Seine krönungsroten Blüten, gepaart mit dem Dunkelpurpurrot seiner Blätter, sorgen für ein royales Spektakel.

Schwarze Tulpe, *Tulipa* 'Queen of Night'

Wuchs: Die späte Tulpe mit blaugrünen Blättern wird stattliche 60 cm hoch und besticht mit erstaunlich langer Blütezeit und Langlebigkeit.

Blüte: Züchter haben sich über Jahrhunderte mit der Schwarzen Tulpe beschäftigt und der unübertroffene Klassiker ist die bezaubernde 'Queen of Night'. Die seidenschimmernde Blüte (Mai) wirkt im rechten Licht magisch schwarz und ist von verführerischer Extravaganz, ja sexy Eleganz!

Standort: Wie die meisten Tulpen wünscht sich die Königin der Nacht einen sonnigen Standort mit durchlässigem Boden. Lehmboden mit Sand verbessern.

Pflege: Zur Vermeidung von »Tulpenmüdigkeit« den Standort jedes Jahr wechseln. Tulpen sind Starkzehrer und brauchen vor dem Blattaustrieb im Frühjahr einen Volldünger.

Verwendung: Um ein solch extravagantes Schwarz in Szene zu setzen, bedarf es einer perfekten Inszenierung, denn nur der richtige Hofstaat unterstützt ihren eleganten Glanz und die Würde. Die schneidige Tulpe 'White Triumphator' ist ein niveauvoller Tanzpartner. Entweder kommt 'Queen of Night' vor einem kontrastreichen, einfarbigen, am besten hellen Hintergrund zur Geltung oder mit nur niedriger Unterpflanzung, sodass die Blütenköpfe ohne Konkurrenz frei in der Luft schweben. Nahe am Wegesrand oder an einem Sitzplatz ist ein angemessener Thron für die Königin der Nacht. Im üppigen Beet kann sie schnell als schwarzes Loch verkommen.

Varianten: 'Black Parrot' (siehe Foto rechts) ist eine schwarzviolette Papageien-Tulpe mit eigenwillig geformten und federartig gefransten Blütenblättern. Die sehr dunkle Triumph-Tulpe 'Ronaldo' überzeugt als klassische, sehr elegante Schönheit und 'Black Hero' mit den fast schwarzen, gefüllten Blüten ist ein wahrer Tulpenheld.

'Queen of Night': die dramatische Ouvertüre einer Frühlingsoper im Beet.

Die schwarzrote Papageien-Tulpe 'Black Parrot' tanzt wie ein Paradiesvogel mit schillernden Federblüten. Schön ist ein Solo auf hellgrünem Hintergrund: Bühne frei für eine Primadonna!

Sehenswertes Drama in zwei Akten

Schwarz ist pure Eleganz, orientiert am Ideal von Schönheit, Stil und gutem Geschmack. Mit aparten schwarzen Blüten und Blättern lässt sich diese Eleganz erstaunlich leicht in den Garten und in die Beete übertragen.
Im Beet ist Schwarz Lichtjahre von einer tristen Trauerfarbe entfernt. Ganz im Gegenteil zieht es wegen seiner erregenden Wirkung bewundernde Blick auf sich. In den letzten Jahren avancierte Schwarz von der glamourösen Trendfarbe zu einer festen Größe neuzeitlicher Gartengestaltung. Die zahlreichen ausgefallenen Neueinführungen beweisen, dass nicht nur Züchter sich für schwarze Pflanzen begeistern, sondern die Nachfrage von Gärtnern nach immer dunkleren Varietäten ernorm gestiegen ist. So kann man heute aus einem riesigen Angebot schöpfen, das für alle Standorte immer elegantere Pflanzen offeriert. Schwarz ist zum »Must« für einen Garten geworden, der sich auf der Höhe der heutigen Zeit befindet. Schwarz im Beet ist ein unverwechselbarer Stil von zeitloser Eleganz. So können wir schon heute von einem neuen Gartenklassiker sprechen.

Mit Pauken und Trompeten

Diese beiden meisterlich komponierten Beete stehen an der Kreuzung von zwei schwarzen Doppelrabatten in *Pashley Manor Gardens* in Kent (Foto links). Der Besucher fühlt sich inmitten einer Bigband des guten Geschmacks. Hier wurde nicht zimperlich geklimpert, hier wurde mit Pauken und Trompeten mutig arrangiert, nach dem Motto: neue Beete braucht das Land. Die vorherigen, altmodischen Border glichen weiß-rosa-hellblauen Liberty-Stöffchen und verschwanden gänzlich. Auf der leeren Beetleinwand wurde wie mit gigantischen Pinselstrichen ein zeitgenössisches Pflanzengemälde geschaffen, ja eine Supersymphonie geschrieben.
Dunkle Sträucher betonen das vertikale Element. Der Rote Perückenstrauch *(Cotinus coggygria)* 'Royal Purple' links im Bild schmückt sich gerade mit den namensgebenden Samenständen, die violetten Haarbüscheln gleichen. Am rechten Bildrand rundet die Hecken-Berberitze *(Berberis × ottawensis)* 'Superba' durch auffällig bordeauxrote und metallisch glänzende Blätter das Bild ab.
Den Sträuchern zu Füßen präsentiert sich ein Rockkonzert, das im Frühjahr mit heißen Orangetönen loslegt (siehe Seiten 94

Die schwarz-roten Doppelbeete spielen wie eine Bigband allerneueste Gartentöne, die im Frühjahr mit energievollem Orange beginnen und jetzt im Sommer großes Drama in Rot inszenieren.

und 95) und im Spätsommer mit kochenden Rottönen zu fulminanter Ekstase aufläuft: Drama, Drama, Drama!

Der Dahlien-Dauerbrenner 'Bishop of Llandaff' hat dunkle, fein geschlitzte Blätter und knallrote Blüten von ungeheuerlicher Leuchtkraft und ist für sich allein schon eine Attraktion. Auch in strengen Wintern schillern die Beetecken mit dem Purpurglöckchen (*Heuchera*-Hybride) 'Rachel' als tadellos elegantem Blattschmuck. Seine im Sommer an schlanken Rispen erscheinenden rosa Glöckchenblüten korrespondieren farblich mit den Perückenstrauchfrüchten. Weitere feuerrote Farbtupfer im frischen Grün, wie fuchsige Inkalilien und knallige Strauchrosen, hübschen das hochmoderne Beetensemble auf. Dieses Beetdrama ist ein »dernier cri«!

Emotional und zauberhaft

Alle Attribute, die Schwarz charakterisieren, sind emotional und berühren die Tiefe der Seele: sexy, mystisch, magisch, dramatisch, ultramodern, dabei gleichzeitig nostalgisch und natürlich elegant. In jedem Fall lässt Schwarz im Beet niemanden kalt! Möchten Sie die Sinne wecken, reizvolle Beete gestalten oder gar eine großartige Inszenierung im Garten? Dann ist Schwarz Ihr perfekter Partner, der elegante Begleiter für fast alle Pflanzengefährten.

In England geht die »Grande Dame« schwarzer Gartenpassion, Karen Platt, so weit zu postulieren: Schwarz sei das neue Grün. Die Spezialistin hat gar die *Black Plant Society* gegründet, die regelmäßig den schwarzen Pflanzen-Star des Jahres kürt. Ihre Botschaft »Black is beautiful in the garden« sendet die rührige Dame um die Welt, mit Büchern und aufsehenerregenden Mustergärten auf Gartenschauen. Die Resonanz ist überwältigend und selbst in Neuseeland sind Gartenfreunde den schwarzen Magiern im Beet bereits verfallen.
Vor etwa zehn Jahren auf einer *Chelsea Flower Show* sah ich zum ersten Mal das »schwarze Gras« *Ophiopogon planiscapus* 'Niger' (damals hieß es noch 'Nigrescens'), zu Deutsch Schwarzer Schlangenbart. Seither bin ich der schwarzen Magie im Garten verfallen. In allen Gärten, die ich auf der Welt besuche, wird mein Blick hypnotisch von schwarzen Pflanzen angezogen. Immer wieder entdecke ich neue schwarze Gartenjuwele, die mit ihrem subtilen Charme Beete elegant »verhexen«. Jedes Mal bestaune ich die innovativen Beet-Kreationen, die sich mit schwarzen Pflanzen gestalten lassen. Meine Sammlung von schwarzen Schönheiten in Kübeln habe ich an der Terrasse drapiert, weil ich so die vielen Schattierungen im wechselnden Licht studieren kann. Im Beet sorgen sie für den »Wow-Effekt«, aber auch die individuelle Schönheit der einzelnen Pflanze begeistert.

Hier im Bild (Foto unten) wirkt sogar der rätselhafte braunschwarze Fruchtstand eines verblühten Purpur-Sonnenhutes *(Echinacea purpurea)* sehr anziehend und dekorativ. In der temperamentvollen herbstlichen Präriеszene erscheinen diese schwarzen »Igel« als effektvoller Kontrast vor dem flammend kupferroten Grasvorhang der Ruten-Hirse 'Hänse Herms'. Haben Sie sich einmal in die schwarze Gartenkunst verliebt, werden Sie bei kommenden Gartenbesuchen immer neue Überraschungen entdecken und feststellen: »Black is magic«.

Das geschulte Auge entdeckt bei jedem Gartenbesuch verblüffende schwarze Pflanzen. Die igeligen Fruchtstände des Purpur-Sonnenhutes haben sich dekorativ vor einem Gras-Vorhang in roter Herbstfärbung platziert.

Das Geheimnis der Schwarzen Tulpe

Jahrhunderte lang waren Züchter auf der Suche nach der Schwarzen Tulpe, der der Schriftsteller Alexandre Dumas mit seinem historischen Roman »La Tulipe Noire« ein literarisches Denkmal setzte. Seit 1944 ist die beeindruckend schlichte wie elegante 'Queen of Night' in Kultur und nach wie vor ein nie übertroffener Klassiker. Die »Königin der Nacht« wurde wegen ihrer außergewöhnlichen Blütenfarbe von Experten zur Zwiebelblume des Jahres 2007 gewählt und trat sozusagen erst im Rentenalter in das Scheinwerferlicht der internationalen Gartenbühne.

Diese Tatsache dokumentiert: Schwarze Blüten sind erst in jüngster Zeit im Fokus und eine junge, faszinierende Gartenmode. Dies ist erfreulich, weil Schwarz immer schon in der Kleidermode eine große Rolle gespielt hat. Die aufregende und widersprüchliche Farbe steht für Exklusivität, Luxus und Eleganz und hält nun ihren triumphalen Einzug in die Beete.

In Massen gepflanzt signalisieren Tulpen der Sorte 'Queen of Night' festliche Eleganz. Das opulent schimmernde Schwarzrot gibt sich geheimnisvoll und ist der Stoff aus dem Gartenträume sind.

Königin der Nacht

'Queen of Night' schimmert, je nachdem wie das Licht auf die seidig glänzende Oberfläche trifft, im Farbspiel eines wertvollen Rotweins über dunkles Violett bis Nachtschwarz. Das geheimnisvolle Changieren ist unergründlich und Teil des Mythos der Schwarzen Tulpe. Weniger romantisch analysieren Biochemiker die verantwortlichen natürlichen Farbstoffe als Anthocyane, die als UV-Schutz produziert werden. Dieses genetische Charakteristikum wird von Züchtern benutzt, um immer mehr schwarze Pflanzensorten zu entwickeln. Einige wenige andere Tulpen haben ebenfalls schwarze Blüten, z. B. die sehr dunkle, elegante Triumph-Tulpe 'Ronaldo' oder die Papageien-Tulpe 'Black Parrot', mit den eigenwillig geschlitzten Rändern, sowie die fast schwarz blühende, gefüllte Tulpe 'Black Hero'.

Bis zu 60 Zentimeter hoch wird die späte, im Mai blühende 'Queen of Night'. Wie alle Pflanzen mit fast schwarzen Blüten umgibt sie eine Aura des Besonderen und der richtige Hofstaat stärkt ihren Glanz. Die Kombination mit den weißen, aparten, Lilienblütigen Tulpen 'White Triumphator' ist von aristokratischem Stil, wie im Schwarz-Weiß-Beet in Prince Charles' *Highgrove* zu erleben. Zusammen mit Tulpen in Pastellfarben entsteht ein sinnlich nobles Duo mit filmreifem Glamour-Faktor. In Massen gepflanzt, ob im Beet oder im Pflanzgefäß, macht die »Königin der Nacht« einen festlich opulenten Eindruck. Eine exklusive Schönheit möchte man gerne in all ihrem Glanz betrachten. Nah an den Weg oder an einen Sitzplatz gepflanzt, kann ihre schimmernde Seidenoberfläche und ihr subtiler Sexappeal besonders genossen werden.

Das schwarze Gartenzimmer

In meinem englischen Garten in Köln habe ich 2004 einen schwarzen Themengarten angelegt. Zuvor war es der »Schattengarten«.

Als der Rasen unter den sechs Linden nicht mehr gedeihen wollte, musste eine Neugestaltung her. Während vieler Besuche in den Gärten Englands habe ich dort zahlreiche dunkle Gartenschönheiten, wie den Schwarzen Schlangenbart, kennengelernt und mich gerne vom »schwarzen Gartenfieber« anstecken lassen. Warum nur ein paar schwarze Pflanzen setzen und nicht gleich ein ganzes schwarzes Gartenzimmer?

Der schüttere Rasen wurde entfernt und auf beiden Seiten entlang der Buchenhecke eine großzügige Fläche Schlangenbart *(Ophiopogon planiscapus)* 'Niger' gepflanzt, eine meiner Lieblingspflanzen. Von einer Metallkante getrennt wurde im zentralen Bereich eine Schicht schwarz gefärbter Holzspäne auf ein praktisches Unkrautvlies aufgebracht. Dieser weiche Belag ist angenehm federnd zu begehen und schluckt wunderbar Geräusche. Die historische Eisenbank wurde schwarz gestrichen und vorhandene Kandelaber mit langen weißen Kerzen aufgestellt. Es ist ein stiller, kontemplativer Gartenraum entstanden, den meine Besucher faszinierend finden. Sie bezeichnen die »Harry-Potter-Atmosphäre« als wohligen Nervenkitzel. Schwarze Messen gibt es hier nicht! Wohl aber stimmungsvolle Abendessen bei Kerzenschein.

Das schwarze Zimmer sieht dank des »immerschwarzen« Schlangenbart-Teppichs das ganze Jahr hindurch reizvoll aus. Aber dieser will gepflegt sein. Unter den Linden ist es nicht nur recht schattig, sondern auch trocken. An heißen Sommertagen muss der Schlangenbart unbedingt gewässert werden und danach ist dank der Verdunstungskälte das dunkle Gartenzimmer besonders angenehm kühl. Regelmäßiges Düngen und Lockern des Bodens hält den Pflanzenteppich immer gut in Form.

Zum Winterende gibt es im Schwarzen Garten einen besonders eleganten Höhepunkt: die Schneeglöckchen-Blüte. Die zierlichen hellen Glöckchen muten wie eine kostbare Perlenkette auf einem »Kleinen Schwarzen« an. Auf beiden Seiten entlang den Hecken stehen dichte Streifen von Schneeglöckchen *(Galanthus nivalis)* in durchlässigem Waldboden. Um die Baumscheiben blühen lila Krokusse und erinnern an einen wertvollen Amethyst-Ring, der im Herbst durch einen Reigen weißer Alpenveilchen *(Cyclamen herderifolium)* 'Album' abgelöst wird: très chic.

Schwarz, schwärzer, schwarzes Zimmer. Die feierliche Extravaganz eines solchen unvergleichlich markanten Gartenraumes kann ohne Weiteres der Kategorie »englische Exzentrik« zugewiesen werden.

Köstliche Orangen-Schokolade

Die Farbe Orange repräsentiert Stärke und Vitalität. Sie verkörpert Lebensfreude, Optimismus, Spaß und Ausgelassenheit. Als warme Farbe hebt sie unweigerlich die Stimmung und vertreibt depressive Gedanken im Nu. Sie wirkt appetitanregend, entfaltet die Sinne und fördert die Lust am Leben. Orange ist die Farbe der Kinder und aller, die sich jugendlich und vital fühlen.

In der Mode taucht die energievolle Farbe immer wieder auf und bringt gute Laune in das Alltagsgrau. Wer möchte nicht diese Power-Farbe der Karibik in seinem Beet haben? Damit die manchmal etwas laute Farbe keinesfalls aufdringlich oder gar billig wirkt, trägt der Idealpartner ein Blättergewand wie dunkle Schokolade. So entsteht eine köstliche Mischung: wie Zartbitter mit fruchtiger Süße.

Zartherber Genuss

Die flotten Tulpen 'Orange Princess' mit ihren gestreiften Ballonröckchen wirbeln zwischen den glänzenden, gewellten Schokoblättern des Purpurglöckchens (*Heuchera*-Hybride) 'Rachel' herum (Foto rechts). Beide Partner kolorieren den rassigen, leidenschaftlichen Frühlingsauftakt des heißen Beetes auf Seite 90, wo im Spätsommer knallrote Dahlien mit schwarzen Blättern die Show übernehmen. Dies verdeutlicht die perfekte Teamfähigkeit und den unverkrampften Partnerwechsel der herrlichen *Heuchera*.

Mit Zwiebelblühern lassen sich immer neue, aufregende Kombinationen gestalten. Gold-Tulpen, allen voran die schicke, lilienblütige 'West Point' mit ihren erlesen gebogenen Blütenspitzen, wirken luxuriös. Violetter und langstieliger Zierlauch *(Allium aflatunense)* 'Purple Sensation' erscheint als höchster Würdenträger. Niedriger *Allium christophii* glänzt durch seine metallischen Amethyst-Sternblüten mit den funkelnden Purpurglöckchen um die Wette, die geschickt die welkenden Lauchblätter kaschieren.

Dunkle *Heuchera*-Neuzüchtungen erobern die Gärtnerherzen in mondänen Farben, mit kuriosen Blattformen und mit leckeren Namen wie 'Chocolate Ruffles', 'Mocha', 'Cappuccino', 'Plum Pudding' und 'Pinot Gris'. Ein Nachteil des erfreulich großen Angebots sind leider die ziemlich unappetitlichen Dickmaulrüssler-Larven, die manchmal in der Topferde versteckt sind. Bevor eine frisch gekaufte *Heuchera* ausgepflanzt wird, Ballen untersuchen und eventuell

Heuchera **und die munteren Tulpen 'Orange Princess' spielen ein starkes Farbenspiel: Schokoladentorte mit Fruchtbelag. Der schöne Blattglanz strahlt die pralle Lebenslust aus. Diese köstliche Mischung ist einfach ein Hit!**

abwaschen oder zurück zum Gartencenter. Aber diese Gefahr sollte kein Grund sein, nicht viele der fashionablen Köstlichkeiten zu sammeln und sich am attraktiven Blattschmuck das ganze Jahr über zu freuen: »Bon appetit.«

Kontraststarke Eleganz

Noch mehr Lebensfreude und -energie fürs Beet: Der schokoladenfarbene Rote Perückenstrauch *(Cotinus coggygria)* 'Royal Purple' ist ein wahrer Schatz und Traumpartner für orangefarbene Beetpflanzen. Von idealer Größe (bis 3 m) und mit breiten Schultern, elegantem dunklem Blattanzug und fescher Perücke ist er der Purpur-Prinz.

Der etwas sparrige Wuchs kann in seiner Luftigkeit im Beet von Vorteil sein. In sonnig-warmer Lage ist er ein unkomplizierter und anpassungsfähiger Begleiter. Er ist extrem trockenheits- und hitzeresistent, stadtklimafest und verträgt Rückschnitt. Dabei stellt er nur geringe Ansprüche an einen alkalischen Boden. Seine verkehrt eiförmig bis elliptischen Blätter sind intensiv schwarzrot sowie metallisch glänzend. Die extraordinären Fruchtstände, mit ihren wollig-fedrig behaarten Stielen der unfruchtbaren Blüten bauschen sich zu auffallenden silbrig rötlichen, Kraushaarbüscheln auf, die auch in Floristengestecken ihre Wirkung nicht verfehlen.

Welche Alternativen hat der Gärtner zu diesem pflanzlichen Liebling? Ein mittelhoher Strauch ist ebenfalls die Blut-Hasel *(Corylus maxima)* 'Purpurea', die sich im Alter weit auseinanderstrebend bis schirmförmig ausbreitet. Die Berberitze *(Berberis thunbergii)* 'Atropurpurea' (2–3 m hoch), ihr kleiner Bruder 'Atropurpurea Nana' (60 cm hoch) und die ganz kleinen, halbkugeligen Geschwister 'Kobold' oder 'Bagatelle' (40 cm) sind robuste und gleichzeitig sehr schnittfeste Alternativen.

Mit orangefarbenen Blüten, die wie die namensgebende Raubkatze lebhaft gemustert sind, brilliert die Tigerlilie *(Lilium lancifolium var. splendens)*. Die stark zurückgebogenen Blütenblätter formen einen Kopf, der einem Turban gleicht. Tigerlilien werden bis zu 1,50 Meter hoch und haben mit ihren edlen Blättern etwas Elfenhaftes an sich. Im Winter verbleiben ihre Knollen im Boden, im Gegensatz zu den frostempfindlichen Begonien (Foto oben rechts).

»Omas Liebling«, die Begonie, erfährt dank rassig schwarzer Blattfarben heute als elegantes Gartengeschöpf eine Renaissance. Die feuerblütige Hybride überzeugt im Beet und auf dem Balkon. Begonien sind Zimmerpflanzen, die im Halbschatten draußen ausgepflanzt werden können und stets gute Bewässerung benötigen. Im Herbst die Knollen ausgraben, in trockenem, lockerem Substrat frostfrei überwintern und ab März wieder ins Freiland pflanzen.

Rechts: Omas Liebling, die ländliche Spießerin Begonie, ist tot. Es lebe die neue Generation der feurig-rassigen Varianten, die mit Schock-Blütenfarben und schwarzen Blättern ihren temperamentvollen Auftritt haben.

Unten: An der Seite des wunderbaren Perückenstrauchs genießen die fast frivol wirkenden Tigerlilien ein kontrastreiches Leben.

Eleganz der Prärie

Prärie-Flair ist chic und trifft das neue Lebensgefühl im Garten. »New German Style«, wie der Präriestil auch gerne genannt wird, ist das Synonym für gräserbetonte und naturalistische Pflanzungen. Der Prärie-Boom ist aus den Nachbarländern (Holland, Belgien und England) zu uns gerauscht. Er hat seine ganz eigenen naturphilosophischen Ansätze. Wurde in historischer Zeit im Garten, als vom Menschen kultivierten Raum, die »wilde« Natur ausgesperrt, sind heutige Gestaltungsansätze von gegenteiliger Herangehensweise. In den überfüllten Metropolen sucht der Mensch nach Rückzugsorten, die im Einklang mit der Natur stehen. Hier bieten Gräser mit ihrer organischen Formensprache sowie wildstaudenähnliche Pflanzen Nähe zur »echten« Natur. Der ökologische Gedanke einer nachhaltigen Pflanzenkomposition mit trockenheitsresistenten Arten hat umweltbewussten Charme.

Mondäne Steppe

Denkt der Laie beim Stichwort Prärie an rustikales Cowboy-Ambiente mit farblosen Weiten und galoppierenden Pferden, so wissen Kenner, bei der Garten-Version handelt es sich um ausgetüftelte Bepflanzungskonzepte. Diese modernen Pflanzpläne werden von jungen Landschafts- und Gartenarchitekten mit großer Pflanzenkenntnis entworfen. Cassian Schmidt ist mit dem von ihm gestalteten Schau- und Sichtungsgarten in Weinheim ein Vorreiter des neuen Trends. Schon heute hat sich der kleinräumige Präriestil seinen Weg vom öffentlichen Grün in die Privatgärten gebahnt. Die richtige Pflanzen- und Standortwahl führt zu einer äußerst pflegeleichten und langlebigen Beetgestaltung, die in der Regel ohne Bewässerung auskommt.

Leitstaude dieses Präriebeetes (Foto S. 97) ist die Fetthenne (*Sedum*-Hybride) 'Matrona'. Mit ihrem dunklen Teint und ihrer selbstbewussten Statur ist sie eine Aussage. Die Wiederholungen der dunklen Tuffs stärken die Dramatik der Präriebepflanzung. Dynamische Drifts von blau überhauchten, duftigen Katzenminze-Silberwolken führen in das Pflanzbild hinein. Stattlicher Kandelaber-Ehrenpreis (*Veronicastrum virginicum*, 1,60 m) trägt kerzenförmige, verzweigte blauviolette Blütentrauben auf geraden Stielen mit exakten Blätterquirlen. Im Hintergrund spielt das aufblühende Chinaschilf *(Miscanthus sinensis)* 'Malepartus' (bis zu 2 m hoch) mit dem Wind.

Die dunkle *Sedum*-Hybride 'Matrona' thront selbstsicher als Anker im Beet und die haarähnlichen Grasblüten des Federgrases umspielen sie schmeichelhaft.

Die Pflanzung wirkt wie eine elegant entspannte Symphonie und schwingt mit den Jahreszeiten. Während sich viele Beete im Spätsommer verabschieden, läuft eine Präriebepflanzung dann erst zur Höchstform auf. Im Herbst entsteht eine feinsinnige Inszenierung voller Poesie, wenn mildes Licht die feinen Linien der Gräser nachzeichnet. Begibt sich die Natur zu Ruhe, treten die Farben zurück und die Strukturen gewinnen an Bedeutung. Aus diesem Grund wird Abgestorbenes erst im Frühjahr entfernt. Bildet Raureif glitzernde Eiskristalle auf zarten Pflanzenteilen, die im eisigen Licht funkeln, verklärt sich die Optik auf mystische Weise. Wenn sich Puderschnee auf die Pflanzenfiguren legt, wird ein Wintermärchen wahr: »Winter Wonder World«.

Gräser im Glück

Sedum 'Matrona' ist eine neuere, sehr hohe (60 cm) und recht standfeste Sorte. Sie hat dunkelrote Stiele sowie braunrote Blätter mit dunklen Adern und ist von matronaler Statur. In diesem sonst schwungvollen Beet mit spannender Höhenstaffelung ist sie in rhythmischen Abständen präsent und nimmt ab August eine tragende Rolle ein. Aus den noch festen, dunkelrosafarbenen Knospen entfalten sich dann ihre eindrucksvollen Blütenteller mit einem wunderbaren Farbspiel von Rosa-Grün-Tönen.

Federgras (*Stipa tenuissima*, 30–50 cm) umspielt sanft die dunkle Fetthenne (Foto S. 96). Man könnte annehmen, Karl Foerster habe an dieses Gras gedacht, als er sagte: »Gras ist das Haar der Mutter Erde.« Bereits das Laub ist nahezu haarfein und wiegt sich sacht im Wind. Die feinen Blütengrannen verfärben sich ab August goldgelb, wie hier im spätsommerlichen Beet. Ihr Markenzeichen ist eine filigrane Leichtigkeit, weshalb sie auch Engelshaar genannt wird. Allen *Stipa*-Arten und -Sorten ist der elegant sich neigende Habitus zu eigen. Solch zarte Federgräser kann man in unterschiedlichsten Größen bekommen. Das Flausch-Federgras (*Stipa pennata*, 25–50 cm) schmückt lange silbrige Blütenstände, das Silberährengras *(Stipa calamagrostis)* 'Allgäu' (50–80 cm) ist ein ausdauernd blühendes Gras und mit überhängenden Blütenhalmen von großem Zierwert.

Gräser sind per se elegant und haben zum Glück in jüngster Zeit einen Stammplatz in unseren Gärten erobert. Waren Gräser vor und nach dem Zweiten Weltkrieg in Mode, gerieten sie in den luxusheischenden Wirtschaftwunderjahren etwas in Vergessenheit. Nun erleben sie eine Renaissance und sind jetzt sehr en vogue. So hat die Gartenwelt auch ihre Moden, die sich zum Glück in einem menschlich angenehmen Takt von Jahrzehnten nur langsam verändern.

Chinaschilf *(Miscanthus)* ist ein Shooting-Star und hervorragender Solist, um Akzente und räumliche Strukturen zu schaffen. Allein durch seine Größe ist er architektonischer Blickfang oder gar grüner Mauerersatz und edler Sichtschutz. Man denke nur an das Riesen-Landschilf *(Miscanthus × giganteus)*, den Giganten unter den China-schilf-Arten, es wird 2,50 bis 3,50 Meter hoch. Mit den »kleineren« Geschwistern (100–180 cm) verbindet es ein stets eleganter Habitus und seidig schimmernde Blütenstände, die in überhängenden Rispen grazile Fontänen bilden.

Gräser im Garten haben zu Recht in den letzten Jahren zunehmend an Bedeutung gewonnen. Sie werden nicht nur wegen ihrer Vielfalt geschätzt, sondern auch aufgrund ihrer anmutigen Leichtigkeit. Sie passen damit sehr gut in viele Pflanzkombinationen.

Ein Pflanzbild von natürlicher Eleganz für alle Jahreszeiten: schwungvolle Drifts, ausgewogene Höhenstaffelung und charaktervolle Pflanzen harmonieren in weichem Rhythmus.

Violette Edelsteine

Violett und Purpur sind eng verwandte Mischungen aus Blau und Rot und ihre Farbbegriffe sind unscharf festgelegt. Weitere Farbnuancen dieses Spektrums sind Indigo (Blauviolett), Lila und Dunkelmagenta (fuchsienfarben). Violett ist eine würdevolle und königliche Farbe, die zweideutig wirken kann, weil sie einerseits Pracht und Macht (Farbe der Bischöfe) verkündet und andererseits mit Frömmigkeit und Buße in Verbindung gebracht wird. Positive Assoziationen mit der Farbe Violett sind Originalität, das Modische, Magische und Mystische. Sie wirkt empfindsam und erwachsen. Es ist die Farbe des Geistes und der Spiritualität. Sie regt unsere Fantasie an, inspiriert und motiviert uns, ungewöhnliche Ideen auch einmal in die Tat umzusetzen, z. B. ein elegantes Beet anzulegen! Im pflanzlichen Schwarz schwingt immer ein extravaganter Violettton mit, den in der Welt der Mode ein Hauch von Eitelkeit umweht.

Blüten-Juwelen

Im eleganten Beet kann Violett mit dem Luxus und Glanz von Edelsteinen verglichen werden. Große Blüten in Purpur oder Violett gleichen einem üppigen Amethyst-Kristall. Die schwarzroten, strahlenförmigen Kaktus-Dahlien heißen 'Black Bird' oder 'Black Jack' und eine große Schmuck-Dahlie 'Arabian Night'. Dunkle Schwertlilien sind die schwarzen Garten-Königinnen. Ihre dunkelvioletten *Haute-Couture*-Blüten schimmern wie verführerische Abendkleider aus Samt und glänzender Seide: extravagant, sexy und sogar hoch erotisch.

Kleine Blüten wirken dagegen wie Amethyst-Splitter und zaubern in großer Menge einen glitzernden Effekt. Herrlich sind die schwarzvioletten Samt-Skabiosen *(Scabiosa atropurpurea)* 'Black Knight' und die tiefpurpurrote 'Chile Black', die den ganzen Sommer im Beet tanzen. Granat-Kugellauch *(Allium atropurpureum)* ist ein dunkelweinroter Wildlauch mit halbkugeligen Dolden, die aus sternförmigen Einzelblüten bestehen.

Die Abbildung (Foto links) zeigt einen fabelhaften Prärie-Schaugarten in *Chelsea*. Im hellgrünen Federgras *(Stipa tenuissima)* schweben scheinbar schwerelos die violett-

In einem Meer von Federgras sind Akeleiblüten wie violette Edelsteine eingestreut. Der atemberaubend himmelblaue Himalaja-Mohn setzt schöne Schaueffekte in dieses *Chelsea-Flower-Show*-Beet.

schwarzen gefüllten Akelei-Blüten (*Aquilegia*-Vulgaris-Hybride) der Sorte 'Black Barlow'. Das zarte Gras wird auch Ponyschweif genannt und hat den Glanz frisch geföhnter Haare. Seine attraktiv gebogenen Blütenrispen bilden flauschige Silberkissen auf denen die Akelei-Amethyst-Splitter glänzend präsentiert werden. Mit himmelblauen Wunderblüten wirkt der Himalaja-Mohn *(Meconopsis betonicifolia)* elektrisierend schön. Sie sind aber in dieser Konstellation natürlich nur ein traumhafter Show-Effekt. Der sagenumwobene Blaue Mohn benötigt nämlich zum Gedeihen Kühle und hohe Luftfeuchtigkeit.

Stattliche Solisten

Eine dunkle und stattliche Solitärpflanze ist wie ein »Beau« im Smoking. Natürlich richten sich alle Blicke sofort auf ihn und Damenaugen blitzen im Anblick von so viel männlicher Eleganz. Mit ihren dunkel getönten Blüten und Blättern heben sich schwarze Solitäre besonders effektvoll vor einem hellgrünen Hintergrund ab.
Die Rote Engelwurz (*Angelica gigas*, Foto rechts) ist von stattlicher Statur (bis zu 1,80 m hoch) und setzt mit einem dezenten Dunkelpurpur immer starke Akzente. Aus Korea stammend, beeindruckt die große Strukturstaude an sonnigen Standorten durch ihre großen, kuppelförmigen Doldenblüten. Zunächst entwickeln sich pflaumenfarbige Knospen, die auf dunklen Stängelchen kleine Bouquets von künstlerischer Schönheit bilden. Die Blüten öffnen sich zu einer kompakten Halbkugel – ein Magnet für viele Insekten. Diese umschwirren im spätsommerlichen Sonnenlicht wie glitzernde Satelliten elegant die königlichen Köpfe. Zahllose Samen entschweben den aparten Kronen, sodass es an halbwegs passenden Standorten fast immer zur Selbstaussaat kommt. Das macht die Kurzlebigkeit der außerordentlich dekorativen Schönheit wett, die als Überraschungsgast durch den Garten wandert. Auffällig sind die sehr dunklen Stiele und die aufgeblasenen, rotpurpurnen Blattscheiden der mehrfach gefiederten, ausdrucksvollen Blätter. Solch hochwüchsige Stars benötigen einen feuchten nährstoffreichen Boden gerne am Teich oder Gehölzrand, um zur Höchstform aufzulaufen.

Einjähriger Muskelprotz

Großes Theater aus kleinen Tüten bietet der Wunderbaum *(Ricinus communis)*. Der bei uns einjährig verwendete Tropenschatz wurde früher »Palma Christi« genannt wegen seiner Riesenblätter, die an eine flach ausgespreizte Hand erinnern. Ein sehr aparter Metallglanz ziert seine roten Riesenhände und ihre Anordnung um die roten Kraftstängel ist äußerst galant. Um stattliche Pflanzen zu ziehen, beginnt man so früh wie möglich (Februar) mit der Anzucht, die leicht gelingt. Vorsicht, die Samen sind giftig! Samen ein paar Stunden einweichen und gleich in große Töpfe mit gehaltvoller Erde stecken. Bis zu den Eisheiligen, Mitte Mai, sind sie zu ordentlichen Büschen herangewachsen und werden ins Beet gepflanzt. Mit reichlich Dünger und Wasser versorgt, machen die Wunderbäume ihrem Namen alle Ehre und wachsen mit unglaublicher Geschwindigkeit zu wahren Muskelprotzen im Beet heran.

Es heißt oft, die roten Sorten hätten nur eine Höhe bis zu 1,20 Meter. Aber gibt man »Kraftfutter«, wachsen sie zu eleganten Riesen heran, die man vorsorglich etwas stützen sollte. 'Carmencita' hat sehr große, tief braunrote Blätter und sehr zeitig knallrote Blüten, die sich zu stacheligen, an tropische Früchte erinnernden Samenständen entwickeln. Nach der eleganten afrikanischen Gazelle benannt ist die Miniatursorte 'Impala'. Sie wird wegen ihrer besonders rotpurpurfarbenen Blätter und knallroten Fruchtstände geschätzt. Die dunkelroten Riesen verfehlen auf keinen Fall ihre Wirkung.

Auch der Fuchsschwanz *(Amaranthus caudatus)* 'Fat Spike' ist ein hoch attraktiver, ja fast erotisch aussehender Solitär. Ursprünglich eine Nutzpflanze, die von amerikanischen Ureinwohnern als Nahrungsmittel geschätzt wurde, ist sie heute im Garten als exotisch wirkende Einjährige beliebt. Besonders auffällig sind die fuchsschwanzähnlichen, lilaroten bis zu 60 Zentimeter langen Blütenrispen, die sich frech wie mahnende Zeigefinger emporstrecken.

Die Rote Engelwurz trägt auf ihrem stattlichen Körper dunkelviolette Doldenblüten, die an riesige Amethyst-Kristalle erinnern und stets von glitzernden Insekten umschwirrt sind.

It's Show Time!

Bildschöne Pflanzen-Schauspielerinnen schenken individuelle und detailverliebte Eleganz im Beet. Zwei »Super-Beauties« sind Pfingstrose (Foto rechts) und Iris (Foto S. 101), Stil-Ikonen mit legendärem Auftritt. Ihre Blüten stehen für natürliche Eleganz mit allen positiven Attributen: Grazie, Ebenmaß, Appeal und Leidenschaft. Ihre delikaten, gleichzeitig sehr ausgeprägten Formen mit aufregender Silhouette und die elitären Farben in exklusiven Nuancen sind der Stoff, aus dem Garten-Fantasien sind. Auf der Beetbühne spielen sie stets die Hauptrolle und ihr Erblühen wird schon Tage zuvor wie bei einer Premiere mit großer Spannung erwartet. Gärtner wissen exakt, wann der Vorhang aufgeht und die Show beginnt. Die Blüte dieser Topstars möchte man auf keinen Fall versäumen und sie ausgiebig genießen. Wie bei einem guten Theaterstück ist es ein kurzer, aber unvergesslicher Rausch und gerne erwartet man das wiederkehrende Spektakel im kommenden Jahr.

Kontrastreiche Tanzpartner

Pfingstrosen tragen in ihrem Namen bereits das Synonym für Garteneleganz: die Rose. Die »Schwarze Rose« ist mehr Mythos als Realität und so beglücken Pfingstrosen eher durch ihre filmreifen Blütenroben. Diese Heroinnen betreten gerne mit schwarzen Partnern im Arm den »Roten Teppich« und sind strahlender Mittelpunkt im Juni-Beet. Die Edel-Pfingstrose (*Paeonia*-Lactiflora-Hybride) 'Kansas', in leuchtendem Purpurrot, trägt ein dicht gefülltes Ballett-Tutu. Ihr charmanter Begleiter im lilaschwarzen Smoking ist der Wasserdost *(Eupatorium maculatum)* 'Atropurpureum', der in meinem Purpur-Border seiner Dame jedes Jahr aufs Neue galant zur Seite steht. Er ist selbst ein beeindruckender Solodarsteller mit weinroten, makellos geaderten Blättern und tritt als der jugendliche Freund der über 70-jährigen 'Kansas' auf. Diese ist stets kompakt, zuverlässig und mit einer Blüte, an der die Zeit scheinbar spurlos vorübergeht. Sie ist der lebende Beweis, dass Eleganz nie eine Frage des Alters, sondern vielmehr der Haltung und Würde ist.

Bereits 1929 wurde *Paeonia lactiflora* 'Hari-Ai-Nin' geboren, deren Name an die berühmt-berüchtigte Mata Hari erinnert. Sie ist ein japanischer Typ in warmem Dunkelrot mit edler Schalenblüte, in deren Zentrum die gleichfarbigen, gerüschten Petaloiden (zu kurzen Blütenblättern umgewandelte Staubgefäße) mit Gold überhaucht sind.

Schwarzer Wasserdost im glänzenden Smoking hält seine aparte Partnerin, die purpurrote Pfingstrose 'Kansas', charmant mit seinen dunklen Blättern im Arm.

Diese Spitzen-Edel-Pfingstrose ist ein besonders kostbares Schmuckstück mit dem gewissen Etwas. Sie adelt jede Rabatte und ist für Gartenkenner mit Niveau einfach wie geschaffen.

Iris – elegante Traumfrau

»The winner is: Iris!« So würde es bei einer Garten-Oscar-Verleihung klingen. Die Iris oder Schwertlilie ist die Allerschönste der

Schönen, Superstar und unsterbliche Muse eleganter Gartenliebhaber. Von stolzer, schlanker Figur, auf spitzen Blätter-Schuhen ist sie die personifizierte Eleganz. Für die Venus unter den Blüten können nur Superlative angemessen sein. Ihre poetischen Namen verkünden: Sinnlichkeit, Verführung und Charme.
Schwarze Primadonnen gibt es erfreulich viele unter ihnen. Mein Liebling ist die *Iris-*Germanica-Hybride 'Superstition', eine Klassikerin mit tief schwarzvioletten Blüten, die sehr zahlreich und edel positioniert erscheinen. Die schwarzen Schwertlilien haben immer eine gewisse Ambivalenz in sich. Besonders ausgeprägt ist dies bei der Sorte 'Devil May Care', die ein prächtig purpurschwarzes Seidenkleid mit einem merkwürdig roten Samtbärtchen ausstaffiert hat: teuflisch gut!

Filmreif wäre eine ganze Sammlung von schwarzen Iris-Diven, deren Namen man wie den Abspann eines Blockbuster-Films aufsagen könnte: 'Sinister Desire' (zu Deutsch: schwarz wie finsteres Begehren), 'Night Ruler' (der Herrscher der Nacht, aus purpurvioletter Seide mit schwarzem Samtbärtchen), 'Before the Storm' (Goldmedaillengewinnerin mit vielen duftenden Blüten) und 'Old Black Magic' (weckt Assoziationen an Ella Fitzgerald mit ihrer rauchigen Stimme, diese schwarze Blüte zeigt jedoch einen honigfarbenen »Kehlkopf«). 'Dark Vader' ist zwar klein, hat aber einen großen Namen aus dem Film »Star Wars«. Eine sehr aparte Zweifarbigkeit haben 'Romantic Evening' (über den purpurfarbenen Hängeblättern kontrastreiche lila Domblätter, erscheinen wie ein helles Bustier über dunklem Abendrock) und 'Orageux' zeigt samtig schwarze Hängeblätter mit einem goldenen Domblatt-Oberteil gepaart: ein wahres Luxusgeschöpf.

Wie alle Diven fordern Iris bestimmte Lebensbedingungen, sind dann aber erstaunlich genügsam. Sie mögen keinen Champagner in Form von Dünger. Auf magerem, kargem Kalkboden fühlen sie sich am richtigen Drehort. Gut dränierte Böden sind ihr Terrain und Staunässe ist ihr sicherer Tod. Ein guter Tipp: zerstoßenen Bauschutt in den Boden einarbeiten. Dann bekommen Iris automatisch Kalk und Luft in den Wurzelbereich. Die Rhizomknollen am besten im August erwerben und einsetzen. Immer schön nah an der Oberfläche pflanzen, denn die fleischigen Knollen wollen in der Sonne liegen. Natürlich sollten die tollen Schönheiten in ihrer delikaten Pracht von Nahem betrachtet werden: Ein Platz in der ersten Reihe gebührt dieser Garten-Liebesgöttin.

Die schwarze Schwertlilie 'Superstition' verleiht den pinkfarbenen Partnern Glamour und hat das Charisma einer Schönheitskönigin.

Moderne Grafik

Diese Gestaltung eines Hauseingangs ist so ungewöhnlich wie innovativ und zeugt von großem Ideenreichtum. Mut wurde bewiesen, Schwarz in vielfältiger Form einzusetzen, und es entstand ein elegantes, maskulines Gartendesign. Die helle Treppe betont als Kontrast das geschickte Spiel mit unterschiedlichen Tönen, Farben und Strukturen in Schwarz. Dunkle Holzstelen leiten den Blick und gewähren zugleich dezenten Sichtschutz.

Maskulines Entree

Hinter einem dynamischen Kunstwerk bilden Blut-Buchen *(Fagus sylvatica)* 'Atropunicea' einen interessanten Vorhang. Die stattliche Hängeform 'Purpurea Pendula' (siehe Foto) gleicht einem lebhaften, schwarzen Wasserfall, der sich in die Beetgestaltung zu ergießen scheint. Weinroter Perückenstrauch *(Cotinus coggygria)* setzt die Gehölz-Vorstellung fort. Er ist ein schwarzer Liebling englischer Designer, der geschlitzte Schwarze Holunder *(Sambucus nigra)* 'Black Lace'. Diese Neuentdeckung zeigt dunkle, gefiederte Blätter, die tatsächlich wie schwarze Spitze anmuten.

Die sehr eigenwillige, aber äußerst innovative und galante Gestaltung eines Hauseingangs ist mit schwarzen Farbtönen und strengen Formen von maskuliner Ausstrahlung.

Charmant brechen Purpurglöckchen (*Heuchera*-Hybriden) der Sorte 'Amethyst Myst' mit ihren rundlich gelappten Blättern, die von metallischem Glanz überhaucht sind, die Treppenkante. Hinter dem zarten Schaum von *Heuchera*-Glöckchen-Blüten leuchtet eine Gruppe weißer Sterndolden *(Astrantia major)* 'Princesse Sturdza', die sich mit rosa Holunderblüten und der Purpur-Witwenblume *(Knautia macedonica)* zu einem hellen, rosigen Blickfang vereinen. Dieser zarte Lichtreflex bricht geschickt die streng wirkende Bepflanzung auf und verstärkt die dominante Wirkung der schwarzen Blätter-Komposition. Sie erreicht einen spannenden Höhepunkt in der glänzenden Blattfontäne des Neuseelandflachs *(Phormium)* 'Platt's Black'. Seine stilettmesserähnlichen Blätter neigen sich selbstbewusst auf die Treppen und ziehen die Blicke magisch auf sich. Er ist eine herrliche ornamentale Kübelpflanze, die durch Form und Farbe immer eine starke Wirkung hat.

Ein besonderes »Bonmot« der Gestaltung ist die grüne Bepflanzung in den Fugen der Wegplatten. Der Zwerg-Schlangenbart *(Ophiopogon japonicus)* 'Minor' löst mit seinen feinen Blättern einen Rasen- oder Teppicheffekt aus und sieht immer schön »sauber« aus. Die insgesamt sehr kraftvolle und architektonische Gestaltung zeigt Mut zum Ungewöhnlichen und scheint zu verkünden: Hier wohnen starke Männer.

Stilvolle Linien

Grafisches Pflanzendesign hat viele Spielarten. Warum nicht Gemüsebeete – sonst eher bieder – in moderne Blattspiele verwandeln? Durch die schwarzen und grünen schnurgeraden Streifen aus gelapptem Blattsalat (Foto unten) entsteht ein spannungsvolles Duett, das die Blicke auf sich zieht. Ein Limonengrün direkt neben Blattschwarz entlockt dieser speziellen Farbe ihr ganzes Kraftpotenzial und ist immer eine sehr vibrierende Verbindung.

Es gibt heute viele dunkle Salatarten, die ein farbiges Gestalten des Nutzgartens auf sehr kreative Art ermöglichen. So haben Gartenliebhaber auf der ganzen Welt nicht nur den Spaß am eigenen Gemüseanbau wiederentdeckt, sondern ihre Nutzgärten in kleine Kunstwerke verwandelt. Dann werden solche grafisch ausgelegten Gemüsegärten gerne mit dem eleganten französischen Wort »Potager« betitelt. Es handelt sich immer um kunstvolle geometrische Beete, in denen die verschiedenen Gemüsesorten nach ästhetischen Gesichtspunkten in grafischen Mustern gepflanzt werden. Das berühmteste Beispiel sind sicherlich die Gärten von Schloss Villandry an der Loire. Trotz der gewaltigen Größe kann dieser Prachtgarten auch Besitzer von kleinen Gärtchen anregen, ihre Gemüsebeete mit spielerischer Eleganz jedes Jahr aufs Neue zu entwerfen. So wird das Angenehme mit dem Nützlichen verbunden. Schwarze Salatpflanzen sind dabei ein willkommenes und sehr effektvolles Medium.

Strenges, linienartiges Gartendesign birgt in sich immer eine ausgeprägte Form der Eleganz. Das Auge wandert entlang den ruhigen Formen, kann sich stets angenehm orientieren und entspannt den Betrachter. Buchsbaum ist nach wie vor die schönste Wahl, Beete mit kleinen Hecken zu strukturieren. Sein maigrüner Frühjahraustrieb (Foto oben) schenkt zudem einen wunderbaren Hintergrund, um Pflanzen ins rechte Licht zu setzen. Die schwarzen Tulpen 'Queen of Night' erhalten durch die niedrigen Buchsbaumhecken den richtigen Rahmen, um in Würde zu glänzen. Statt – wie leider oft – als »schwarze Löcher« in Beeten zu verkommen, dürfen die edlen Tulpen hier ihre ganze noble Pracht entfalten.

Oben: Mit kleinen Buchsbaumhecken können geschickt Strukturen gestaltet werden, die ausgefallene Pflanzen, wie schwarze Tulpen, effektvoll in Szene setzen.

Rechts: Blattsalate werden heute mannigfach als schwarze Sorten angeboten und sehen nicht nur im Salat appetitlich aus, sondern lassen sich im Gemüsegarten zu grafischen Mustern pflanzen.

Ein Brunello-Garten

Brunello di Montalcino ist ein italienischer Spitzen-Rotwein. Das Farbenspektrum des gehaltvollen Rebensaftes ist eine hervorragende Anregung, ein elegantes Beet zu schaffen: köstlicher Genuss ist garantiert.

Optische Weinprobe

Meine Purpurglöckchen-Sammlung *(Heuchera)* ist ein herrlich farbintensives Blätterbeet für alle Jahrszeiten. Eine Auslese von unterschiedlichen Sorten fügt sich zu einem harmonischen Album und erinnert mich an die schönen Bilder, die man als Kind aus Blättern zusammengeklebt hat. Schade, dass diese kindlichen Kunstwerke etwas aus der Mode gekommen sind.

Lebendiger sind die Blattschmuck-Stauden im Garten ohnehin. Während der Blüte sprudeln die weißen und rosa Blütenglöckchen wie heitere Sekt-Perlen über dem Blatt-Teppich. Die vollmundigen Farbtöne der Blätter erinnern mich an unterschiedliche Weinsorten. Die schwarzrote *Heuchera*-Hybride 'Obsidian' ist mein neuer Favorit, weil die glatten und sehr dunklen Blätter von einem Glanz überzogen sind, der an die Oberfläche eines guten Rotweins erinnert. Für mich ist der fast schwarze 'Obsidian' der »Lafite Rothschild 1986« unter den *Heuchera*! Vorne im Beet wäre ein edelsüßer Sauternes gelagert. Es ist die Sorte 'Crème Brûlée', die an einem etwas sonnigeren Standort mehr orangefarbenes Volumen entwickeln würde. 'Venus' mit weißen Blüten ist ein echtes »Silberglöckchen«, sie hat eine bläulich grüne Blattfarbe mit dunkler Nachzeichnung der Adern: ein Moselwein?

Leider nicht im Bild eine weitere Lieblingssorte, die gelbgrün blättrige Sorte 'Key Lime Pie', die den frischen Grünen Veltliner vertreten könnte. Es lohnt sich wirklich sehr, *Heuchera* zu sammeln. Vor vielen Jahren boten sie nach winterlichen Kahlfrösten vor allem an sonnigen Plätzen ein Bild des Jammers. Aber die farbenfrohen Neuzüchtungen zeigen gerne im Winter ihren herrlichen Blattschmuck, vorausgesetzt, der Boden ist durchlässig und hat keinerlei Staunässe.

Purpurglöckchen sehen auch wunderschön in Pflanzgefäßen aus. An jedem Standort sind sie mit edlen Blattmänteln und filigranen Blüten ein eleganter Augenschmaus. Eine umfangreiche Sammlung würden die Steinbrechgewächse *Tiarella* bereichern. Vor allem ihre Blätter sind denen der *Heuchera* in der Form ähnlich. Eine Kreuzung aus beiden Arten nennt sich *Heucherella* und beeindruckt mit lebhaft gezeichneten und farbenfrohen, immer neuen Züchtungen.

Das Gentleman-Beet

Ein Beet (Foto Seite 105) ist wie eine Wein-Reise durch das Bordeaux und Burgund oder – wer es lieber mag – wie ein echter Brunello. Kostbare, elegante Rotweinfarben

Links: Die *Heuchera*-Sammlung erscheint als vielfarbiges und vielschichtiges Blätterbeet. Ihre Farben können mit unterschiedlichen Weinen in Verbindung gebracht werden: einfach köstlich!

Rechts: Die prachtvolle Kaktus-Dahlie 'Nuit d'Été' ist ein Sommernachtstraum von aparter Form und der Farbe eines wertvollen Rotweins. Sie bereichert das nebenstehende Beet im Spätsommer durch ihre mondäne Eleganz.

sind zu einer Spitzenkomposition verbunden. Die grüne Eibenhecke und die eingewebten grünen Blattpflanzen sorgen für ein Bild von kraftvoller Ruhe und vollmundiger Harmonie. Hervorstechend sind die Speerspitzen-Berberitzen *(Berberis thunbergii)* 'Helmond Pillar'. Wie Soldaten nehmen diese Säulen-Berberitzen Haltung an und betonen mit ausgefeilter Raffinesse das im Beet so wichtige vertikale Element. Sie wachsen von Natur aus säulenförmig. Mit einem sehr dünnen und damit unsichtbaren Draht locker umwickelt, lässt sich die Nadelform noch definierter herausstellen. Diese machtvollen, dunklen Ritter sind ein echter Hingucker, wenn nicht gar »Show-Stopper«.

Das Beet wird zum Rasen hin von der einfachen Roten Hecken-Berberitze *(Berberis thunbergii)* 'Atropurpurea' begrenzt. Die Einfassung muss durch scharfen Schnitt vielfach in der Saison in Schach gehalten werden, um so schön niedrig und in Form zu bleiben. Deutlich weniger Schnitt werden die Zwerg-Sorten 'Bagatelle' oder 'Nana' brauchen. Im Hintergrund stehen Blut-Hasel und Blut-Buche als Strauch gezogen.
Die schwarze Blätterhalbkugel gehört dem Purpur-Kreuzkraut *(Ligularia dentata)* 'Britt-Marie Crawford'. In der Sonne werden die auf der Unterseite violett gefärbten Blätter besonders schwarz und die tief orangefarbenen Blüten gleichen purem Gold: sehr elegant!

Der aufmerksame Betrachter entdeckt in der Mitte hinter der niedrigen Hecken-Berberitze die kleinen, schwarzen Gesichter des Stiefmütterchens *(Viola)* 'Molly Sanderson'. Rechts im Bild steht ein Buntblatt-Knöterich *(Persicaria microcephala)* 'Red Dragon' mit seinen auffällig gezeichneten Blättern. Damit das männlich elegante Beet nicht zu düster wirkt, erhellt ein roséfarbener Rhododendron den Hintergrund. Davor zeichnen sich die geformten Säulen-Berberitzen ab.

Im Spätsommer blühen zahlreiche schwarzrote Kaktus-Dahlien 'Nuit d'Été' (Sommernacht), die mit ihren aparten Strahlenblüten ein besonderer und lang anhaltender Höhepunkt des spannungsreichen Beetes sind. Das Design erscheint distinguiert und elitär wie ein vornehmes »Gentleman-Beet«, das von gutem Geschmack zeugt. Insgesamt ist es ein sehr edles und exklusives Beet, das man mit einem schweren, vorzüglichen Rotwein assoziieren könnte: eben ein »Brunello-Garten« – oder, weil dieses Beet aus Neuseeland stammt, ein vollmundiger »Shiraz-Garten«.

Das »Brunello-Beet«, das von den Speerspitzen-Berberitzen 'Helmond Pillar' geprägt wird, befindet sich in Neuseeland. Es hat ein sehr ungewöhnliches, modisches Design und ist von vorzüglicher Eleganz.

Kombinationen

Voller Eleganz

Silber, Gold und Schwarz als Mix in einem Beet bedeutet Eleganz in höchster Potenz. Sei es als Duett oder als Terzett, immer entstehen im Zusammenhang glanzvolle Bilder. Die innovativen, stilvollen Zwei- und Dreiklänge platzieren den genialen Tusch in jede Pflanzung. Bühne frei für majestätische Partnerschaften!

Silber-Fontäne mit illustrem Blatt-Ballett

Die farblich elegantesten Pflanzenpartner in einem Beet vereint sind eine künstlerische Spezial-Edition, wie man sie bisher nur selten sieht. Ihre schimmernde Pracht ist dennoch nicht protzig, sondern eine Gala-Robe für den Garten. Wie kostbare Juwelen braucht ein derartig gestaltetes Beet nicht groß zu sein. Oft sind es kleinere Pflanzenkombinationen, die wie edler Schmuck akzentuiert ein Flair von Eleganz ins Beet bringen.

Tango der bunten Blätter

In diesem Beet (Foto S. 109) sind die aparten Schönheiten wie zu einem Gemälde vereint. Vor der blitzenden Fontäne des Weißbunten Chinaschilfs *(Miscanthus sinensis)* 'Variegatus' entrollt sich eine herrliche Blätter-Rhapsodie edler Laubformen und nobler Farben. Wie ein dichtes Bündel von Wasserstrahlen, die emporschnellen und mit glitzernden Tropfen und Fäden in einem schnittigen Bogen wieder herabfallen, senden die Grashalme eine Botschaft von Licht und Glanz aus. Die hellen Blattpigmente fangen den kleinsten Sonnenschimmer ein und senden die Reflexion als lichte Strahlen zurück. Vor dem dunklen Hintergrund gibt sich die Lichtkulisse als attraktiver Blickfang und leitet das Auge auf die Blätterpracht zu ihren Füßen.

Der elegante Reiz der gläsern schillernden Gras-Fontäne liegt in ihrer Dynamik und der filigranen Streifen-Optik. Diese Eigenschaften zeichnen viele Gräser aus und machen sie zu wertvollen Strukturgebern, die die Eleganz eines Beetes mit leichtem Federstrich zeichnen. Gräser strahlen als Individuum lebhafte Spannung und als Gruppe wohltuende Ruhe aus.

Imposant trägt das Gestielte Schaublatt *(Rodgersia podophylla)* 'Pagode' seine sehr großen, kunstvoll gezackten Blätter auf hohen Stängeln zur Schau. Die schwarze Blatt-Schönheit Purpur-Kreuzkraut *(Ligularia dentata)* 'Britt-Marie Crawford' präsentiert ihre schwarzbraunen Blätter, die an der Unterseite frivol violett gefärbt sind, wie eine anmutige Tellersammlung. Ihre extravagante Farbe setzt sich in den Drifts aus dunklen Purpurglöckchen *(Heuchera*-Hybride) 'Amethyst Myst' fort, die durch das Silbernetz auf ihren Blättern einen erlesenen Schimmer aussenden. Eingestreute Goldtöne von Blü-

Die Edelmetall-Pracht der Gold- und Silberpflanzen ist eine Schatztruhe der eleganten Lebenskraft. Das Gartenmärchen von Tausendundeiner Nacht wird wahr.

ten und Blättern erhöhen die kostbare Wirkung dieser stimmungsvollen Pflanzenkombination, die sich offenbar an ihrem feuchten Standort wohlfühlt: ein Bild entspannter Harmonie.

Eine arabische Schatztruhe

Starke Gold- und Silberfarben leuchten wie die Auslagen in einem orientalischen Basar. Man zeigt, was man hat! Warum nicht? Denn das pflanzliche Edelmetall-Triplett (Foto S. 108) hat eine große Anziehungskraft, wie das Schaufenster eines üppig dekorierten Juweliergeschäftes. Es blinkt und blitzt und sieht sehr wertvoll aus. In jedem Fall ist ein solch prachtvoll elegantes Beet ein Highlight im Garten. Die Stimmung steigt mit jedem Gramm an Gold und Silber.

In einem sonst eher ruhigen Garten mit zurückhaltenden Farben würde eine solche kraftvolle Schmuckbrosche den Betrachter erstaunen und man würde den Besitzer für seinen außergewöhnlichen Mut bewundern. Es würde sich eine neue, vitale und fast übermütige Seite zeigen. Ein Gold-und-Silber-Beet strahlt unendlich viel Energie aus und lässt den Betrachter im Nu »auftanken«.

Nun, wer es lieber gedämpft mag, für den ist ein solcher Bazar der Lebensfreude vielleicht etwas zu gewagt. Aber für die abenteuerlustigen und couragierten Gärtner mit goldenen Löwenherzen ist barocke Pracht wie eine Schatzinsel. Staudenzüchter berichten, kräftig goldene Pflanzen würden zögerlich gewählt. Das sollte sich ändern, denn Optimismus braucht das Land.
In diesem Beet sprudelt im Hintergrund das helle Gold aus den prickelnden Blütenrispen des Frauenmantels *(Alchemilla mollis)*, der immer ein Fels in der Goldbrandung ist. Die sattfarbene Gold-Garbe *(Achillea filipendulina)* 'Gold Plate' hat den rechten Namen, denn ihre Goldtellerchen glühen wie flüssiges Gold. Daneben rückt sich die exzentrische Elfenbeindistel *(Eryngium giganteum)* in den Vordergrund, als wäre es ein Juwel von Tiffany. Wem diese Silberspitzen-Kunst im Beet zu kurios ist, wählt andere Silberpflanzen wie *Artemisia ludoviciana* 'Valerie Finnis', die mit gemäßigtem, aber dennoch strahlendem Edelmetallglanz beglückt. Weicher in Form und Textur, aber von nicht minder solidem Silber wäre das Silberblatt *(Senecio cineraria)*, das gar noch selbst goldene Blütchen trägt.

Sie können aus einem reichhaltigen Angebot von edelmetallischen Pflanzen-Kostbarkeiten wählen. Bestücken Sie Ihre Gartenschatztruhe mit den schillernsten Figuren: Das Märchen von Tausendundeiner Nacht beginnt.

Die Fontäne des Chinaschilfs 'Variegatus' ist die rauschende und belebende Kulisse für ein virtuoses Edelblatt-Ballett.

Moderner City-Chic

Die Verbindung von Schwarz und Silber inszeniert sich gerne in zeitgenössischem Chic. Beide Farben gemeinsam sind stilvolle Botschafter, die eine neue, kühle Ästhetik verkörpern. So sehen wir heute den großen Karl Lagerfeld in diesen zwei Farbtönen: schwarzen Designer-Outfits und mondänem Männer-Silberschmuck. Diese Kombination präsentiert kosmopolitische Extravaganz mit allen Nuancen eines aufregenden Lebens in den Metropolen der Erde. Selbst im Beet umgibt sich die starke Verbindung von Silber und Schwarz mit einer geheimnisvollen, subtil erotischen und luxuriösen Aura: Eine völlig neue Beet-Avantgarde ist entstanden.

Ein elegantes Eislaufpaar

Die lackglänzenden und tintenschwarzen Riemchenblätter des Schlangenbartes *(Ophiopogon planiscapus)* 'Niger' bringen sicherlich das eleganteste Schwarz ins Pflanzenreich ein. Mit den dunklen Horsten sind sie eine Super-Muse für modernes Gartendesign. Hätte Mutter Natur diese Pflanze nicht hervorgebracht, könnte man annehmen, fantasiebegabte und schöpferische Künstler hätten den Schlangenbart in einer Computer-Animation erfunden. Wir Gärtner/innen können dankbar sein, ein solch phänomenales Geschöpf zu haben, um mit leichter Hand große Eleganz ins Beet zu zaubern.

Aber der dunkle »Beau« möchte nicht im Pflanzengemenge als »schwarzes Loch« untergehen, sondern er beansprucht einen Logenplatz. Am liebsten sieht er sich am hellen Wegrand, wo seine verführerische Farbe und die reizvollen Strukturen wie eine Provokation den Betrachter in den Bann ziehen. Eine Steigerung zum absoluten Blickfang erfährt er in der kontrastreichen Verbindung seines schwarzen Laubes mit hellem Silber. Fallen die Texturen beider Partner auch noch extrem unterschiedlich aus – etwa glatt glänzend und weich satiniert – ist der Effekt besonders eindrucksvoll.

Die silberfarbene Edelraute *(Artemisia arborescens)* 'Powis Castle' ist zwar eine göttliche, aber letztlich unnahbare Partnerin. Kein Wunder, ist die Edelraute doch Artemis gewidmet, der jungfräulichen Göttin der Jagd und Tochter des Zeus. Beide Beetpartner könnten konträrer nicht sein. Die Dame entstammt der antiken Mythologie und die Silberpflanze, die ihren Namen trägt, diente seit je als Heilpflanze. Dagegen ist der smarte dunkle Schlangenbart-Schönling ein ostasiatischer Newcomer.

Der neumodische, straffe Schwarze Schlangenbart und *Artemisia*, die weiche Silbergöttin mit dem Namen aus antiker Zeit, sind wie ein elegantes Eislaufpaar: zusammen die große Show, aber jeder gehört sich selbst und hat andere Ansprüche an den Boden.

Zeitgenössischer Dreiklang

Das zeitgenössische Terrassenbeet (Foto S. 111) zieht den Betrachter magisch in seinen Bann: Wer hat eine solch dynamische und hochmoderne Beet-Installation schon einmal gesehen? Ein städtischer, abschüssiger Hinterhof wurde geschickt in mehrere Plateaus gestuft. Die Plattformen präsentieren die fabelhafte Inszenierung von Silber-

Schwarz-Gold in aussagekräftiger, urbaner Anordnung.

Auf einer glatten, begehbaren Ebene wurden quadratische weiße Platten mit sehr breiten Fugen verlegt, die mit einem grausilbernen Kies gefüllt sind. An den Kreuzungspunkten wurden dichte Büschel des Schwarzen Schlangenbarts als Akzente gepflanzt. So entstand ein formidables Schachbrettmuster. Aber Vorsicht: An einem solchen Standort möchte der Schlangenbart ein leicht saures Substrat, gut gewässert und regelmäßig flüssig gedüngt werden, damit er seine eindrucksvolle, grasbüschelähnliche und überaus attraktive Gestalt behält.

Eine silbrige Miniaturhecke aus Gamander *(Teucrium fruticans)* thront auf der treppenartigen, weißen Mauer und zeichnet diese formvollendet nach, besonders wenn sie frisch getrimmt ist. Gamander erscheint durch seine filzigen weißen Härchen in einem dichten, sehr apart silberfarbenen Blätterkleid. Der hitze- und trockenheitstolerante und erstaunlich frostharte Mittelmeerstrauch empfiehlt sich durch gute Schnittfestigkeit. Er kann am trockenen Standort ein guter Buchsbaumersatz sein, weil er im Winter seine edle Blattfarbe behält.

Den farblichen Dreiklang vollendet das Rosendickblatt *(Aeonium arboreum)* 'Zwartkop' mit rotschwarzen Blättern, die sich zu stilisierten Rosenblüten formieren. Hellgoldenen Prachtblüten sitzen wie stolze Kronen obenauf und toppen die farbliche Komposition. 'Zwartkop' ist eine imposante und äußerst dekorative Kübelpflanze, die im Glashaus überwintern muss. Bei Lichtmangel vergrünt die exotische und rassige Schönheit sehr schnell. Sie stammt aus Nordafrika und ist ein Sonnenkind, das wenig Wasser braucht, dafür alle paar Jahre ein neues Gefäß. Geschickt ist es, den Schwarzkopf mitsamt seinem Topf ins trockene Beet zu versenken und die hübsche Sammlung vor dem Frost in das sichere Glashaus zu bringen. Eine UV-Lampe erhöht dort den Schwärzegrad. Die überaus attraktiven, ebenmäßigen Blattrosetten sind dort für den Rest des Jahrs ein toller Indoor-Schmuck mit »Wow-Effekt«.

Der kosmopolitische City-Chic des terrassierten Kleingartens beeindruckt mit hypermoderner Eleganz und ungewöhnlichen Partnern im starken Dreiklang Schwarz-Silber-Gold.

Zurückhaltende Eleganz

Neben herausragender Gestaltung charakterisiert Eleganz manchmal auch Schlichtheit nach dem Motto: »Weniger ist mehr.« Wenige ausgewählte Farben und visuelle Elemente mit guten Proportionen kennzeichnen eine eher zurückhaltende Eleganz. Bei der Gestaltung eines noblen Beetes geht es darum, dieses Ideal umzusetzen, um eine »leise« Kombination von edlen Pflanzen in gedeckten Farbtönen zu erhalten.

Noblesse oblige

Das erste vorgestellte Pflanzenpaar (großes Foto rechts) besteht aus dem dunkelblättrigen Wasserdost *(Eupatorium rugosum)* 'Chocolate' im Hintergrund, vor dem sich die aparten Samenkapseln des Schlaf-Mohns *(Papaver somniferum)* präsentieren. 'Chocolate' ist eine sehr feine und dekorative Staude. Ihr schokoladenfarbenes Laub trägt auf den Blattunterseiten die Farbe eines guten Rotweins, die bei einem Windhauch durch das sanfte Drehen der Blätter einen köstlichen Anblick bietet. Obwohl der Wasserdost selbst ein ausdrucksstarker Solist ist, wird er hier, gentlemanlike als diskreter Partner, zur stilvollen Kulisse. Die Sorte des Mohns oder eine mondäne Blüte sind für diesen harmonischen Zusammenklang der Pflanzenpartner ohne jede Bedeutung. Das delikate Silber der Mohnblätter, -stiele und vor allem der exquisiten Samenkapseln spielt als sehr aparte Erscheinung ein zauberhaftes Solo auf der wunderbar dunklen Blattbühne: ein kleines Kammertheater in einem großen Beet.

Manchmal sind es die kleinen Momente im Leben, die für immer in Erinnerung bleiben. Das zweite Pflanzenpaar (kleines Foto unten) spielt mit ähnlicher Rollenverteilung. Als ruhige Kulisse fungiert der sehr dezente Silberstrauch. Er lässt die aristokratische Lilie in ihrer engelsgleichen Schönheit wirken. 'Conca d'Or' (eine Kreuzung aus Orient- und Trompetenlilien) hat exzellente Eigenschaften: schlanken, hohen Wuchs (1,10 m), schwebende Blüten und einen fantastischen Duft. Die großen Orientblüten sind madonnenhaft weiß, aber im Inneren der Blütenblätter mit einem weichen, hellen Goldton überhaucht. Diese distinguierte Dame adelt den Garten mit ihrer filmreifen Eleganz: eine Greta Garbo der Beete.

Schwarz-Gold-Silber

Den Dreiklang in diesem Beet (Foto rechts) bilden ganz feine Töne von ausgewogen

Oben: Vor dem dunklen Bühnenvorhang aus den Blättern des Wasserdosts *(Eupatorium rugosum)* der Sorte 'Chocolate' schimmern die feinen Mohnkapseln mit dezenter Zurückhaltung und geben eine glänzende Vorstellung.

Links: Der Silberhintergrund lässt der schönen Lilie 'Conca d'Or' galant den Vortritt und adelt sie mit einem harmonievollen Farbspiel.

abgestimmten und zurückhaltenden Farben. Die runden Blätter des Judasbaums *(Cercis canadensis)* 'Forest Pansy' sind im Austrieb beinahe schwarz und im Sommer dunkel purpurfarben. Im Frühling zeigen sich an den blattlosen Zweigen tiefkarminrote, wickenähnliche Blüten, die in kleinen Trauben zusammenstehen und wie Rubine funkeln. Nach seinem vorösterlichen Soloauftritt zieht sich der Strauch auf seine eigentliche Rolle in diesem aparten Beet zurück, nämlich als stilvolle Bühnenausstattung. Sein dunkler Blättervorhang lässt großzügig der davor liegenden Szenerie den Vortritt.

Sein Name 'Forest Pansy' (= Wald-Stiefmütterchen) ist Programm, denn wie dieses Blümchen hält sich der Baum vornehm im Hintergrund und lässt das zarte Gold der Gold-Garbe (*Achillea*-Hybride) 'Hannelore Pahl' gelassen schimmern. Die feinen, flach gewölbten Blütenteller arrangieren sich wie zu einem zarten Seidenschal, der mit dem dunklen Blättermantel des Judasbaums hübsch kontrastiert. Eine unprätentiöse, treue und verlässliche Partnerin ist die lange blühende 'Hannelore Pahl'. Sie ist eine echte Dame, die noch um die hohe Schule von Kultur, Haltung und guten Manieren weiß. Mit Feingefühl scheint sie ihre Bestimmung, keine Haupt-, sondern eine Nebenrolle zu spielen, diszipliniert zu erfüllen. Behutsam und bedacht in ihrer adretten Form und Farbe gibt sie in Drifts, oder wie hier als Tuff, die ideale Begleiterin eleganter Kolleginnen ab.

Davor im Beet schaukeln die Plüschblüten des Sommer-Lampenputzergrases *(Pennisetum villosum)*. Das zarte Schmuckgras erscheint wie ein herrlich weicher Nerzkragen, der die Beetgestaltung abrundet. In England heißt dieses duftige Gras »Federschopf«, so würde ein Drift auch wie eine Federboa anmuten. Bei uns wird dies besonders aparte Lampenputzergras einjährig gezogen. Aber in Kübeln lässt es sich frostfrei überwintern und treibt dann im Frühling schnell wieder aus.

Die hohe Kunst im Beet ist es, mit zurückgenommenen Farben und Formen ein Bild voller Harmonie zu schaffen, das trotzdem einen nachhaltigen Eindruck macht. Schwarz, Gold und Silber, die drei eleganten Farbtöne, sind in ihrer Farbstärke behutsam aufeinander abgestimmt und strahlen in ihrer diskreten, besonnenen Art Einklang und Ruhe aus. Damit das Arrangement nicht zu stoisch wirkt, blitzen hier die goldleuchtenden Spitzen der Fackellilie (*Kniphofia*-Hybride) 'Vanilla' empor und bringen noblen Glanz wie dezenter Goldschmuck.

Ein Beet der »leisen« Töne und voller Eleganz. Die Farben Schwarz, Gold und Silber sind als Dreiklang behutsam abgestimmt.

Ein feines Sommerkleid

Selbst ein heiteres Sommer-Dress kann elegant sein. Es kommt auf die gewählten Farben an. Silber-, Gold- und Schwarztöne wandeln kindlich Buntes in eine weibliche Kreation mit Stil und Niveau.

Lebensfreude und Heiterkeit

Das prachtvolle, englische Border (Foto unten) trägt ein Sommerkleid, das im eleganten Dreiklang Silber-Gold-Schwarz glänzt, und ist gewürzt mit lebhaften Akzenten. Für einen endlosen Sommer ist die jugendlich heitere Eleganz des Beetes geschneidert, weil die Leitstauden über einen langen Zeitraum gut aussehen und standfest sind. Im Hintergrund sorgen Gehölze für einen stilvollen Rahmen. Das gesamte Pflanzenarrangement ist ein großes Fest an Lebensfreude und von kultivierter Ausstrahlung.

Zwei schwarze Pflanzpartner fungieren als tadelloses Entree. Rechts am Wegrand schimmert ein Tuff der niedrigen Dahlie 'Roxy' mit schwarzen Lackblättern. Im Spätsommer heizt die Knollenpflanze mit ihren kräftig pinkfarbenen Blüten dem Beet mächtig ein. Links die blanken, tiefdunkelroten Spitzblätter gehören der Pracht-Lobelie *(Lobelia fulgens)* 'Königin Victoria', eine Reminiszenz an die stets in Schwarz gekleidete, üppige englische Herrscherin. Die Pracht-Lobelie blüht von Juli bis Oktober in einem kräftigen Scharlachrot und wird dabei 80 Zentimeter hoch. Sie liefert sich dann einen farblich eleganten Florettkampf mit 'Roxy'. Das bringt Spannung ins Beet!

Vorne glänzt kühl silbrig die bizarre Elfenbeindistel *(Eryngium giganteum)*, die als 'Miss Willmott's Ghost' durchs Beet geistert. Die Gold-Garbe *(Achillea*-Hybride) 'Coronation Gold' ist »good as gold«, wie die Engländer sagen, und ein echter Beet-Schatz. Ihr Gold-Solo spielt sie in Form eines langen Drifts mit Blüten von Juni bis Oktober. Sie ist in ihrer sonnigen Farbe die »Gute-Laune-Queen« und bildet mit den schwarzen und

Das muntere Beet trägt sein heiter elegantes Kleid den ganzen Sommer lang. Die ausdauernden Leitstauden in Gold, Schwarz und Silber werden durch zusätzliche Blüher im Laufe der Saison immer wieder aufgehübscht.

silbernen Blattschmuckstauden eine kraftvolle Raute der Eleganz.

Die bläuliche Komponente des Distel-Silbers nehmen die wickenähnlichen Blüten der Geißraute *(Galega orientalis)* und am Wegesrand die Schmucklilie *(Agapanthus praecox)* gerne auf. Ein Blickfang sind jetzt im frühsommerlichen Kleid des Beetes Fackellilien (*Kniphofia*-Hybriden) der Sorte 'Feuerkerze', die ihre Funken bis zu den roten Dahlien und Montbretien weiter hinten versprühen.

Dreistimmiger Akkord

Der Dreiklang Silber-Gold-Schwarz bildet einen eleganten Hauptakkord im Beet. Sind die Formen und Texturen der Instrumente auch sehr unterschiedlich, entsteht dennoch schnell ein flottes Musical. *Carex elata* 'Aurea', das goldene Gras, lässt seine leuchtenden Riemchenblätter wie ein Feuerwerk aus dem zentralen Büschelgrund aufschießen (Foto rechts). Dieses ausgesprochen elegante Ziergras springt auf den Betrachter zu wie eine Goldfontäne und bringt damit viel Leben ins Beet.

Eine dunkelrote Fetthenne (*Sedum*-Hybride) der Sorte 'Matrona' hat ihre Triebe bereits hochgeschoben, um am Sommerende die großen Blütenteller aufzufalten. Sie ist immer eine stabile Persönlichkeit, die mit ihrer intensiven Farbe einen eleganten Eindruck macht. Gelassen sitzt die Blaublatt-Funkie (*Hosta*-Hybride) 'Fragrant Blue' daneben und wartet auf ihre lavendelfarbenen Blüten, die im Juli einen feinen Duft verströmen werden.

Im Beet der Einjährigen geht es laut zu (Foto links). Die Kurzlebigen lieben ihr Leben und trumpfen gerne auf, aber nicht ordinär, sondern in heiterer Partylaune. So sind sie in opulenter Eleganz vereint. Der Schwarzseidige im gerüschten Outfit ist auch noch zum Vernaschen geeignet. Unter dem rassigen Namen Shiso landet die Schwarznessel *(Perilla frutescens)* als eleganter Japanischer Salat auf Gourmet-Tellern oder endet als köstliches Gewürz. Aber hier ist er die Zierde und der beruhigende Faktor im sommerlichen Spektakel.

Ziertabak *(Nicotiana × sanderae)* 'Lime Green' wirkt mit seinen grünlich silbernen Blüten wie ein erfrischendes Sorbet, das etwas Kühle in das heiße Arrangement bringt. Rotgoldene Pracht schenkt der märchenhafte Elfenspiegel *(Nemesia strumosa)* 'Orange', der unermüdlich von Mai bis September blüht und in vielen Farben zu haben ist. So sind sie, die wahren Einjährigen, sie verausgaben sich in einer einzigen Saison! Das ganz Beet swingt nach dem Motto: Und sie tanzten nur einen Sommer lang. Aber der war es wert!

Rechts: Das starke, mobile Terzett aus Gold-Gras-Fontäne, der silber schimmernden Blaublatt-Funkie und der guten Fetthenne 'Matrona' kann als Kübelpflanzen-Kapelle durch den Garten marschieren und immer wieder den Standort wechseln.

Links: Mit Farbenpracht und opulenter Eleganz überzeugt dieses Sommer-Spektakel aus Einjährigen. Sie tanzen lebenslustig durch ihr kurzes Leben: ein Fest für die Augen.

Elegante Landgärten

Das Landleben wird meist als handfest und rustikal angesehen. Aber es hat auch durchaus seine eleganten Seiten. Denken wir an die stilvollen Trachten, die äußerst fein und von sehr hochwertiger Qualität sind. Schwarz wird gerne für feste Stoffe wie Baumwolle oder Filz verwendet und bei festlichen Gewändern sind schwarzer Samt und dunkle Seide die Materialien der Wahl. Gold- und Silberstickereien und geerbter Familienschmuck veredeln die wertvolle, traditionelle Folklorekleidung. Und heute tragen elegante Stadtdamen mit großer Begeisterung zum Oktoberfest in München die feschesten Dirndl.

Bäuerliche Pracht

Dieses ländliche Beet in einem großen Gemüsegarten regt die Fantasie an und lässt sich mit solchen herrlichen Trachten assoziieren. Der rotschwarze Grünkohl 'Red Bor' (= Roter Eber) ist ein echt »schneidiges Mannsbild« und marschiert hier in Formation wie eine gestandene Blasmusik-Kapelle durchs Beet! Seine kräftige Statur und die violettschwarzen Rüschenblätter der Prachtkerle ziehen bewundernde Blicke auf sich. Mit der Aufzucht dieser roten Rasse-Eber muss früh begonnen werden. Die Grünkohlsamen werden im Februar an einem hellen, warmen Ort (gerne Glashaus) vorgezogen und ab Mai bekommen die kräftigen Jugendlichen ihren Platz im Beet. Wichtig ist ein sehr sonniger Standort, um die intensive, fast schwarze Farbe zu erzielen, denn im Schatten vergrünt der Rote Eber schnell.

Der schwarzrote Grünkohl 'Red Bor' steht lange seinen Mann: Zunächst brilliert er prachtvoll im herbstlichen Beet im Duett mit goldenen Mädchenaugen. Später, im Winter, ist er als »norddeutsche Palme« immer ein eleganter Blickfang.

Im spätsommerlichen Beet wird es prächtig, wenn die stolzen Kohlpflanzen ihren Mann stehen und mit goldenen Blütenmädchen um die Wette strahlen. Die gefüllten Sonnenblumen (*Helianthus*) sind überragend, die lustigen Mädchenaugen *(Coreopsis grandiflora)* tanzen einen Reigen und ein roter Fuchsschwanz *(Amaranthus)* bringt Würze ins Beet.

Dem Roten Eber kann der Winter nichts anhaben, weil er als Grünkohl Frost nicht nur trotzen kann, sondern sogar erst nach Frosteinwirkung schmeckt. Grünkohl wird gerne »norddeutsche Palme« genannt, ein passender Ausdruck für die durchaus eleganten Winterfiguren, die einem Cottagegarten stehen würden. Da der Geschmack von 'Red Bor' etwas merkwürdig zwischen Rot- und Grünkohl liegt, sollte man ihn lieber als grandiosen Blickfang stehen lassen. Im folgenden Frühling belohnt er es mit fabelhaften, schwefelgoldenen Blütenfackeln, die zusammen mit dem schwarzen Untergewand eine sehr elegante Erscheinung abgeben. Wurde im Herbst Zierlauch (*Allium*-Hybride) 'Globemaster' zwischen die Kohlkerle gesetzt, schweben jetzt die violetten Blütenkugeln in den Goldwolken: sensationelle elegante Landlust!

Cottagegarten royal

Noch mehr ländlich elegante Gartenpracht! Das glänzende Band von Sonnenhüten *(Rudbeckia fulgida)* 'Goldsturm' (Foto rechts oben) erleuchtet das bäuerliche Herbstbeet, das am Ende der Saison in voller Pracht steht. Im »Goldenen Oktober«, bevor der Garten in Wintertristesse verfällt, zeigen die schmucken Blüten von dunkelroten und rosafarbenen Kaktus-Dahlien ihr schönstes Strahlen. Die sehr dekorativen schwarzroten Blütenwedel des Fuchsschwanzes *(Amaranthus cruentus)*, der Sorten 'Red Leaf' und 'Oeschberg' strecken ihre staubwedelähnlichen Rispen empor, die zum deutschen Namen führten. Rotviolette Blätter unterstützen den aparten, etwas exotischen Look.

Amaranth, der wertvolle Inka-Weizen, stammt aus Südamerika und wurde dort von den Azteken als »Wunderkorn« verehrt. Er gehört zu den ältesten Nutzpflanzen der Erde und damit – ähnlich dem Dinkel – zur Gattung der Urgetreide. Amaranth-Blätter sind frisch oder als Spinat essbar und die kleinen Körner schmecken angenehm nussig. Die ursprüngliche Nutzpflanze ist bei uns jedoch wegen ihres attraktiven Aussehens hauptsächlich eine beliebte Zierpflanze, die stets ein Blickfang ist. Vorgezogene Jungpflanzen werden ab Mitte Mai ins Freiland gesetzt und die Blüte beginnt ab Juli. Die interessante Rabatten- und Kübelpflanze blüht bis zum Frost und wird auch gern in der Floristik verwendet. Einerlei wo Amaranth eingesetzt wird, der große Show-Effekt ist sicher. In diesem Beet erzielt die Kombination von Gold und Schwarz einen kraftvollen Ausdruck: elegante »Power« im Bauerngarten.

Unsere drei eleganten Farben Silber, Gold und Schwarz sind hier (Foto unten) in einem großen Kübel miteinander verwoben. Die stahlblauen Blüten des Borretsch hängen nickend an silbrig behaarten Stängelchen und auch die Knospen haben einen ganz zarten Silberflaum. Schaumig weiße Kerbelblüten strahlen ebenso mit einem hellen Glanz. Wie rotgoldene Taler sind die Korbblüten der heilenden Ringelblume *(Calendula officinalis)* in das kompakte Arrangement erheiternd eingestreut.

Aber der Hingucker ist das schwarze Sesamblatt mit dem langen botanischen Namen *Perilla frutescens* var. *purpurascens*, das auch Purpur-Shiso genannt wird. Die würzigen Blätter haben ein leicht minziges Aroma und können als köstlicher Salat genossen werden. Shiso-Kresse schmeckt nach Kreuzkümmel und vereint als exotisches Kraut Gartenspaß und Kochvergnügen an der asiatischen Küche. Eine schöne Erkenntnis aus den drei kulinarischen »Power-Beeten«: Auch ein Nutzgarten kann richtig elegant aussehen.

Oben: Dem goldenen Sonnenhut-Band wird von feurigen Fuchsschwänzen mit rotschwarzen Blüten und Blättern mächtig eingeheizt! In prachtvollen Folklore-Farben zeigt sich eine rassige Eleganz im Beet.

Rechts: Ein köstlich eleganter Dreiklang: silbrig behaarter Borretsch, goldene Ringelblumen und schwarze Shiso-Würzblätter.

Mobile Eleganz im Pflanzgefäß

Aparte Kübel stellen einen simplen und doch sehr erfolgreichen Kniff dar, Eleganz auf Beet, Balkon und Terrasse zu bringen. Die Gefäße sollten bereits eine ansprechende Form haben und aus einem edlen Material sein, um einen eleganten Eindruck zu erzielen. Ein schönes, gut proportioniertes Design, das sich zum Boden hin verjüngt, wirkt mit seiner gut geschwungenen Silhouette bereits anmutig (Foto rechts).

Terrakotta-Träume

Terrakotta-Gefäße haben eine große Bandbreite an unterschiedlichen Formen, wobei rechteckige und quadratische Modelle einen eher rustikalen Charme versprühen. Hingegen vermitteln Terrakotta-Amphoren mit ihrem klassischen und ausgewogenen Umriss stets einen eleganten Eindruck – ob mit oder ohne Bepflanzung. Die abgebildeten sehr hohen Gefäße (1 m) stammen aus Kreta und sind bis –22 °C frostbeständig. Ihre gefällige Form untermalt jede Saisonbepflanzung auf edle Weise. Dank ihres enormen Volumens können sie sogar ein recht großes Exemplar Wilden Weins beherbergen, der die Säulen meiner Veranda romantisch berankt. Allerdings ist es notwendig, alle paar Jahre das Wurzelwerk des Rankers zu dezimieren. Das »Herausschälen« des Wurzelgeflechts durch die recht enge Gefäßöffnung ist immer eine Herausforderung, aber diese Mühe wird durch den im Wind schwingenden Wilden Wein reich belohnt.

Im Frühjahr habe ich gerne viele schwarze Papageien-Tulpen 'Black Parrot' in den Amphoren, die einen ganz besonders eleganten Anblick bieten. Im Sommer und Herbst ziehen rotschwarze Keulenlilien *(Cordyline australis)* 'Atropurpurea' die Blicke auf sich. Ihre farbenprächtigen, messergleichen Blätter bilden aus büscheligen Rosetten heraus eine palmenartige Krone. Die glänzenden Laub-Fontänen glänzen mit exotischer, fast mondäner Anmut. Die Südsee-Schönheiten sind unkompliziert, müssen aber frostfrei und hell in Kübeln überwintert werden.

Terrakotta-Amphoren machen dank ihrer fein geschwungenen Silhouetten immer eine elegante Figur. Rotschwarze Keulenlilien präsentieren sich in Palmen-Chic und zierlicher Silberregen 'Silver Falls' rieselt wie flüssiges Silber an den Gefäßen herab: Spitzeneleganz auf der Terrasse.

Die silberfarbene Unterbepflanzung besteht aus dem Silberregen *(Dichondra)* 'Silver Falls', der mit seinem beeindruckenden Habitus an einen Wasserfall erinnert. Er ist eine tolle neue, sehr wirkungsvolle Blattschmuckpflanze, die sehr tolerant gegen Hitze und Trockenheit ist. Im Laufe einer Saison kann die Ampelpflanze bis zu 1,80 Meter lange Triebe entwickeln. Ihre abgerundeten, farnartigen Blätter bilden einen sehr aparten Silbervorhang, der die Amphoren schmeichelnd umhüllt. Der silberne Wasserfall und die roten Palmenköpfe bilden farblich wie strukturell ein starkes »Power-Paar«, das hochmodern und äußerst exklusiv beeindruckt.

Herbstliche Extravaganz

Gerade am Ende der Saison bieten Gartencenter ein erfreulich reichhaltiges Angebot von herrlichen Blattschmuckpflanzen in den Farben der Eleganz an: Silber, Gold und Schwarz. Gerne werden sie unter dem Begriff »Herbstzauber« beworben. Damit steht ein innovatives Spektrum an buntlaubigen Pflanzen und attraktiven Gräsern zur Verfügung, die sich leicht effektvoll kombinieren lassen. Äußerst geschmackvoll sind Arrangements mit allen drei eleganten Farben, die als erlesenes Terzett besonders nobel wirken. Spielerisch lassen sich immer neue und extravagante Kombinationen ersinnen und pflanzen.

Sehr dunkle Purpurglöckchen *(Heuchera)*, wie hier (Foto unten) die neue Sorte 'Obsidian', sind immer ein wichtiger Protagonist im herbstlichen Kübel-Schauspiel, weil sie einen farbintensiven Kontrapunkt zu den hell schimmernden Blatt- und Grasschönheiten darstellen. Weiterhin bieten *Heuchera* den Vorteil, später in den Garten umziehen zu können und ein Plätzchen zu finden, an dem sie viele Jahre weiter Freude bereiten. Aber dies gilt auch für fast alle anderen Pflanzenpartner dieses Arrangements, die damit ganz modern als »nachhaltig« zu bezeichnen sind.

Das silberfarbene Gras *Carex oshimensis* 'Everest' ist eine kleine, horstartige Segge, die mit ihren filigranen und gebogenen Blättern einen kühlen frischen Ansatz hat und später an halbschattigen Standorten zu glänzen vermag. Abteilung »Gold« wird repräsentiert von der weich und lässig fallenden Gold-Wald-Marbel *(Luzula sylvatica)* 'Aurea', die als zähes Waldrandgras später, nach dem Auspflanzen, in Beeten in sonniger Lage eine gute Figur macht. Am schattigen Standort vergrünt das Gras allerdings ziemlich schnell.
Auch das Gold-Pfennigkraut *(Lysimachia nummularia)* 'Goldilocks', mit dem üppig fließenden Wuchs seiner biegsamen Triebe sowie den goldgelben Münzenblättern, bringt eine enorme Leuchtkraft in gemischte Pflanzengesellschaften ein (Foto oben).

Neue Purpurglöckchen-Sorten, wie die *Heuchera*-Hybride 'Amber Waves' mit bernsteinfarbenen Rüschenblättern, bereichern das Angebot im Gold-Spektrum mit schicken Blattformen und edlen Farbtönen. Die drei aparten Eleganzfarben, vereint mit sanftem oder straffem, kompaktem oder duftigem Wuchs der Pflanzen, geben der gärtnerischen Kreativität ein unerschöpfliches Potenzial für die elegante Bepflanzung stilvoller Gefäße an die Hand. So entsteht eleganter mobiler Chic für die melancholische Jahreszeit. Gönnen Sie sich ruhig einen herbstlichen »Kaufrausch« – ohne schlechtes Gewissen. Schließlich bereiten viele der erworbenen Pflanzen lange im Gefäß Freude. Und danach beweisen alle Gräser und *Heuchera*-Sorten ihre Nachhaltigkeit, da sie als Stauden in den Gartenbeeten »recycelt« werden können und ein zweites Leben genießen.

Oben: Der extravagante Farbdreiklang von Silber-Gold-Schwarz lässt sich im Herbst dank eines großen Angebots leicht verwirklichen. Stauden und Einjährige harmonieren dabei auch in Pflanzgefäßen problemlos.

Unten: Das lackschwarze Purpurglöckchen 'Obsidian', das silberne Gras *Carex oshimensis* 'Everest' und die lässig fallende Gold-Wald-Marbel 'Aurea' bilden ein elegantes Trio und erweisen sich später im Beet als langlebig.

Weitere dekorative Silberpflanzen

❀ Blützeit ⬆ Höhe in cm ○ Sonne ◑ Halbschatten ● Schatten

Name | Blütezeit | Höhe	Standort	Blütenfarbe | Sorte	Bemerkungen
Silber-Immortelle *Anaphalis margaritacea* 'Neuschnee', ❀ 7–9, ⬆ 40–50 cm	○, *durchlässiger Boden, nährstoffarm, braucht genügend Platz*	weiß, *A. triplinervis* 'Sommer-schnee': weiß, ⬆ 25–30 cm	für mediterrane Gärten, weiße Gärten, Füllpflanze
Silber-Wermut *Artemisia stelleriana* 'Mori' ❀ 6–7, ⬆ 20–30 cm	○, *durchlässiger Sandboden, nicht zu nährstoffreich, verträgt Trockenheit*	gelblich	weißfilzig behaarte Blätter, leuchtende Farbe, Bodendecker
Küsten-Meerkohl *Crambe maritima* ❀ 5–7, ⬆ 30–70 cm	○, *frischer nahrhafter Boden*	weiß	sehr attraktive blausilbrige gewellte Blätter, Solitärstaude
Feder-Nelke *Dianthus plumarius* 'Maischnee' ❀ 6–7, ⬆ 10–25 cm	○, *frischer, durchlässiger Boden*	weiß 'Munot': rot	bläulich silbrige, spitze Blätter, attraktives Polster, Füllstaude
Walzen-Wolfsmilch *Euphorbia myrsinites* ❀ 5–6, ⬆ 15–25 cm	○, *trockener Boden, Trockenmauer*	gelb	sehr dekorative, bläuliche, walzenförmige Triebe, solitär oder in kleinen Tuffs
Currykraut *Helichrysum italicum* 'Silbernadel' ❀ 7–9, ⬆ 40–50 cm	○, *trockener, durchlässiger Boden, keine Staunässe*	gelb	kleiner, duftender Halbstrauch, Füllpflanze, in rauen Lagen Winterschutz
Weißrand-Funkie *Hosta*-Hybride 'Regal Splendor' ❀ 7–8, ⬆ 80–90 cm	◑–●, *frischer Boden*	helllila	nobel, elegant, aparte blaugraue Blätter mit gewelltem, weißem Rand, Solitärstaude
Weiß Gestreifte Schwertlilie *Iris pallida* 'Argentea Variegata' ❀ 5–6, ⬆ 40–60 cm	○, *durchlässiger, magerer, kalkhaltiger Boden*	lavendelblau	besonders apartes, edles, weißrandiges Laub, exquisite Vordergrund-Schönheit
Blaues Schillergras *Koeleria glauca* ❀ 6–7, ⬆ 15–35 cm	○, *sandige, nicht zu nährstoffreiche Böden, gerne kalkhaltig*	bräunlich	schöne, blausilbrige Grastuffs, ähnlich Blau-Schwingel, in Drifts setzen
Weiße Silber-Nessel *Lamium maculatum* 'White Nancy' ❀ 5–6, ⬆ 15–20 cm	◑–●, *feuchter Humusboden*	weiß 'Beacon Silver': lila	eleganter Bodendecker, bildet Teppiche
Silber-Minze *Mentha longifolia 'Buddleia'* ❀ 6–8, ⬆ 50–70 cm	◑ *feuchte, nährstoffreiche Böden*	lila	bildet Ausläufer, frisches Minzaroma, als Solitärstaude oder in kleinen Tuffs
Weißbuntes Chinaschilf *Miscanthus sinensis* 'Variegatus' ❀ 9–10, ⬆ 140–170 cm	○, *durchlässiger, nährstoffreicher Boden*	Blüte unbedeutend	herrliches Ziergras, guter Solitär, Strukturbildner
Blaue Ruten-Hirse *Panicum virgatum* 'Dallas Blues' ❀ 7–9, ⬆ 150 –180 cm	○, *trockener bis frischer Boden*	rötlich violett	elegante, blaugraue, breite Blätter, Solitärgras mit sehr aparten Blütenrispen
Silber-Harfenstrauch *Plectranthus argentatus* ❀ 9, ⬆ 100 cm	○, *durchlässiger Boden, Kübelpflanze*	hellblau	aparte silberne, wollige Blätter, Solitär, im Sommer aus-pflanzen, im Winter im Kübel ins Glashaus
Silber-Salbei *Salvia argentea* ❀ 5–7, ⬆ 50–80 cm	○, durchlässiger Boden, trockenheitsverträglich	weiß	zweijährig, versamt sich, prächtige, solitäre Blatt-schmuckstaude
Silberfarbenes Greiskraut *Senecio cineraria* 'Silver Dust' ❀ 7–9, ⬆ 30 cm	○, trockene, durchlässige Böden	goldgelb	elegant gebogene, helle Silberblätter, sehr dekorativ, braucht guten Winterschutz
Grauer Bergfenchel *Seseli gummiferum* ❀ 8, ⬆ 40–60 cm	○, steiniger, durchlässiger Boden	weißlich	reizvolle Solitärstaude, silbrige Fiederblätter, kompakte Blütendolden
Lichtnelke *Silene coronaria* ❀ 6–8, ⬆ 20–70 cm	○, anspruchslos, nährstoffarme Böden	karminrot 'Alba': weiß	filzig behaarte, silbrige Blätter, Streupflanze
Silberblatt-Margerite *Tanacetum haradjanii* ❀ 7–8, ⬆ 10–20 cm	○,Trockenmauer, Steingärten	gelb	weißfilzige Fiederblätter, attraktive, solitäre Blatt-schmuckstaude
Gamander *Teucrium fruticans* ❀ 7, ⬆ 60–100 cm	○, trockener, durchlässiger Boden, kalkliebend	hellblau	buschiger, immergrüner Silberstrauch, sehr gut für Formschnitt

Name | Blütezeit | Höhe	Standort	Blütenfarbe | Sorte	Bemerkungen
Silberblatt-Ehrenpreis *Veronica spicata* subsp. *incana* 'Silberteppich' ❀ 6–7, ⬆ 12–25 cm	○, durchlässiger, mäßig nährstoffreicher Boden	dunkelblau	elegante silberne Blattschmuckstaude, teppichbildend, in kleinen Drifts setzen
Große Palmlilie *Yucca filamentosa* 'Schneefichte' ❀ 7–8, ⬆ 50–150 cm	○, trockener Boden, kalkhaltig, keine Staunässe	milchweiß	pyramidaler Blütenstand, schwertförmiges Laub, attraktive Solitärstaude

Weitere dekorative Goldpflanzen

Name | Blütezeit | Höhe	Standort	Blütenfarbe | Sorte	Bemerkungen
Gold-Anis-Ysop *Agastache rugosa* 'Golden Jubilee' ❀ 7–9, ⬆ 50–70 cm	○, trocken	lila	goldene Blattfarbe bleibt ganze Saison, attraktive Solitärpflanze, Präriestaude
Gelbbunter Beifuß *Artemisia vulgaris* 'Oriental Limelight' (= 'Janlim') ❀ 7–8, ⬆ 70–80 cm	○, durchlässiger Boden	hellgelb	gold-panaschierte, aparte Blätter, Leitstaude, in kleinen Gruppen setzen
Japan Gold-Segge *Carex oshimensis* 'Evergold' ❀ 4–5, ⬆ 20–30 cm	◑–●, Gehölzrand, frischer bis feuchter Boden	gelblich	immergoldenes Gras, in Drifts und Tuffs setzen, Füllpflanze, Winterschutz
Herbst-Chryantheme *Chrysanthemum*-Indicum-Hybride 'Golden Orfe' ❀ 9–10, ⬆ 60 cm	Sonne, frischer Boden	gefüllt, goldgelb	attraktive Blüten, die gut mit Herbstfarben harmonieren, in Kleingruppen setzen, Füllstaude
Kaktus-Dahlie *Dahlia-Hybride* 'Valhalla' ❀ 8–10, ⬆ 90 cm	○, frischer und nahrhafter Boden	rötlich gold, 'Promise': hellgold, 'Princess': mit rotgoldenem Auge	sehr elegante Blüten, Blickfang, Solitär oder in kleinen Gruppen, vorziehen für längere Blütezeit
Goldschuppenfarn *Dryopteris affinis* ❀ –, ⬆ 50–100 cm	◑, feuchter Boden	keine Blüte	leuchtet in der Morgen- oder Abendsonne, dunkelgoldener Austrieb, Solitär, in kleinen Gruppen
Hohe Gold-Wolfsmilch *Euphorbia*-Hybride 'Excalibur' ❀ 6–8, ⬆ 50–120 *cm*	○, frischer Boden	leuchtend golden, *E. palustris* 'Walenburg's Glorie': gelbgold	sehr dekorativ, Blattfarbspiel, Solitärstaude, evtl. Winterschutz
Gladiole *Gladiolus*-Hybride 'Stardust' ❀ 8, ⬆ 120 cm	○, fruchtbarer, gut durchlässiger Boden	hellgold	aparte Blütenstände, Solitär oder in Kleingruppen, Blickfang
Stauden-Sonnenblume *Helianthus decapetalus* 'Capenoch Star' ❀ 8–10, ⬆ 120–160 cm	○, frischer bis feuchter Boden, warm	ganz golden, 'Soleil d'Or': gefüllt, Tellerblüte	wertvolle Sommerkönigin, einzeln oder in kleinen Tuffs
Frühlings Gold-Funkie *Hosta*-Hybride 'Fortunei Aurea' ❀ 7–8, ⬆ 40–60 cm	◑–●, frischer bis feuchter Boden	lavendelfarben, Blattfarbe vergrünt	strahlend goldene, gewellte Nadelstreifenblätter, Blattschmuckstaude, Solitär oder in kleinen Gruppen
Gold-Hopfen *Humulus lupulus* 'Aureus' ❀ 8–9, ⬆ bis 600 cm	○, feuchter, durchlässiger, mäßig fruchtbarer Boden	goldgelb	sehr schöne Kletterpflanze für Zäune und Lauben, friert zurück und treibt im Frühling wieder aus
Gelbe Sumpf-Schwertlilie *Iris pseudacorus* ❀ 7–8, ⬆ 90–150 cm	○, frischer bis feuchter Boden, gern am Gewässerrand	hellgold	sehr aparte Blüte, schön an spiegelndem Wasser, in kleinen Gruppen, versamt sich
Lilie *Lilium*-Hybride 'Golden Splendour' ❀ 7–9, ⬆ bis 150 cm	○, wasserdurchlässiger, humusreicher Boden, neutral bis sauer	gold, 'African Queen': sattgold, 'King Pete': gold, *L. auratum* 'Citronella': hellgold	zauberhafte Blüten für den Beetvordergrund, Solitär oder in Kleingruppen, Vorsicht: Lilienkäfer

Name | Blütezeit | Höhe	Standort	Blütenfarbe | Sorte	Bemerkungen
Gold-Pfenningkraut *Lysimachia nummularia* 'Aurea' ❀ 5–7, ⬆ 5 cm	○–◑, nasser Boden, gern am Wasserrand	gelb	dichter, gelbgoldener, dekorativer Bodendecker, mag keine pralle Sonne, in kleinen und größeren Gruppen
Wald-Scheinmohn *Meconopsis cambrica* ❀ 5–9, ⬆ 30 cm	○–◑, trockener bis frischer Boden	goldgelb 'Aurantiaca': rotgold	goldener Wanderer durch den Garten, sehr lange Blütezeit, Selbstaussaat
Osterglocken *Narcissus*-Hybriden 'Arctic Gold' ❀ 3–4, ⬆ 45 cm	○, nahrhafter, humoser, im Frühling feuchter Boden	gold, 'February Gold': einfach, goldgelb, 'Golden Ducat': gefüllt, gold	klassischer Frühlingsbote, in großen Tuffs, aus denen goldene Frühlingswiesen entstehen
Gold-Elfenspiegel *Nemesia strumosa* 'Orange Prince' ❀ 5–9, ⬆ 20–50 cm	○, leichter, nährstoffarmer Boden	rotgold	sehr blühfreudige Einjährige, für buschigen Wuchs Triebspitzen stutzen, schneiden, kleine Gruppen
Gelber Heidegünsel *Origanum vulgare* 'Golden Shine' ❀ 7–9, ⬆ 20–30 cm	○–◑, trockener Boden, vielseitig	hellviolett, 'Thumbles Variety': weißlich mit lila Schimmer	leuchtend goldgelbe Blätter, später etwas vergrünend, goldiger Bodendecker an sonnigen Standorten
Gold-Tripmadam *Sedum reflexum* 'Angelina' ❀ 7–8, ⬆ 20 cm	○, trockener, sehr warmer Boden	gelb	sehr zierendes und dankbares *Sedum*, in kleinen Gruppen oder Flächen
Lilienblütige Tulpe *Tulipa*-Hybride 'West Point' ❀ 5, ⬆ 50 cm	○, frischer Boden, nährstoffreich	goldgelb	extravagante Blütenform, Blickfang, nicht zu dicht und zu viele pflanzen, schön im Kübel
Goldenes Immergrün *Vinca minor* 'Aureovariegata' ❀ 5–6, ⬆ 10 cm	◑–●, frischer Boden	hellblau	Schattenstaude, Bodendecker, für große Flächen
Rosen *Rosa* 'Goldmarie' ❀ 6–7, ⬆ 60 cm	○, nahrhafter Boden	leuchtend gold, 'Friesia': goldgelb, 'Bengali': rotgold	Königin der Blumen, Solitär oder in Kleingruppen

Weitere dekorative schwarze Pflanzen

Name | Blütezeit | Höhe	Standort	Blütenfarbe | Sorte	Bemerkungen
Engelwurz *Angelica gigas* ❀ 7–9, ⬆ 80–150 cm	○, feuchter bis nasser Boden, gern in Gewässernähe	dunkelviolett	prachtvoll dekorative Solitärstaude, kurzlebig, versamt sich
Purpur-Wiesenkerbel *Anthriscus sylvestris* 'Ravenswing' ❀ 4–7, ⬆ 60–120 cm	○–◑, trockener bis frischer Boden	weiße Doldenblüten	sehr elegante, zweijährige Staude, schwarze, edle Blätter, in apartem Duett mit den Blüten, versamt sich
Schwarzviolette Akelei *Aquilegia*-Vulgaris-Hybride 'Black Barlow' ❀ 5–7, ⬆ 60–80 cm	○, durchlässiger, frischer bis feuchter Boden, kalkreich	gefüllt, schwarzviolett 'William Guiness': schwarz-purpur-weiß, *A. atrata:* schwarzviolett, ungefüllt	hübsche Blüten, versamt sich und wandert im Garten, einzeln und in Gruppen
Waagerechte Herbst-Aster *Aster lateriflorus* 'Prince' ❀ 9–10, ⬆ 70–80 cm	○, frischer Boden	rosig violette Blütchen	sehr elegantes Farbspiel, aufrechter Busch mit sehr dunklem Laub an waagerechten Zweigen, guter Füller für aparte Beete
Schwarze Kornblume *Centaurea cyanus* ❀ 6–10, ⬆ 60–120 cm	○, wasserdurchlässiger, nährstoffarmer Boden	tief purpurne Blüten	einjährig, silbrige Blätter und Stängel, in größeren Gruppen einweben

Name | Blütezeit | Höhe	Standort	Blütenfarbe | Sorte	Bemerkungen
Schokoladen-Kosmee *Cosmos atrosanguineus* ❀ 7–9, ⬆ 40–60 cm	○, frischer Boden	schokoladenfarben, dunkel- bis braunrot	einjährig, Voranzucht, duftet intensiv nach Schokolade, für Kübel, in Gruppen setzen
Dunkle Bart-Nelke *Dianthus barbatus* 'Nigrescens' ❀ 5–8, ⬆ 35 cm	○, durchlässiger, kalk- und nährstoffhaltiger Boden	fast schwarze Blüte	sehr aparte Bauernblume, zweijährig, mit dunklem Laub, versamt sich, für größere Gruppen, Füllpflanze
Schwarzblättriger Wasserdost *Eupatorium rugosum* 'Chocolate' ❀ 7–9, ⬆ 80–100 cm	○–◑, gerne feuchter, tiefgründiger Boden	Blüte cremig weiß wie Sahnehäubchen, 'Atropurpureum': 180 cm	niveauvolle Blattschmuckstaude, Blätter schokofarben, Solitär und guter Begleiter
Purpur-Wolfsmilch *Euphorbia amygdaloides* 'Purpurea' ❀ 4–6, ⬆ 40 cm Frühjahr	◑, trockener bis frischer Boden	limonengrüne Blüten	sehr wertvoll im Winter, mit roten Stängeln und mahagonifarbenen Blättern, Winterschutz
Bronze-Fenchel *Foeniculum vulgare* 'Rubrum' ❀ 7–9, ⬆ 110–160 cm	○, frischer Boden	goldgelbe Doldenblüten	dekorative Großstaude mit zurückhaltender Wirkung, im Austrieb elegant bronzefarben, Füllstaude, köstlicher Anisgeruch
Persische Kaiserkrone *Fritillaria persica* ❀ 5, ⬆ 100 cm	○, fruchtbarer, gut durchlässiger Boden, im Sommer trocken	bräunliche Glöckchen *F. camschatcensis:* dunkelviolett	sehr aparter Frühlingsblüher, einzeln oder in Gruppen setzen, Kübelpflanze
Dunkler Storchschnabel *Geranium maculatum* 'Espresso' ❀ 5–7, ⬆ 40–50 cm	○, frischer, humoser Boden	rosa Blüten, *G. pratense* 'Hocus Pocus': lavendelpurpur	blüht früh, sehr ausgefallenes Farbspiel, schokoladenfarbenes Laub, in großen Gruppen setzen, Füllstaude
Christrose *Helleborus*-Orientalis-Hybride 'Ballard Hybrid' ❀ 2–4, ⬆ 40–60 cm	○–◑, feuchter, humoser Boden	sehr dunkelpurpur, einfach, 'Pluto': etwas heller, 'Blue Metallic Lady': metallisch purpur	sehr schöner Winter- und Frühlingsblüher, wintergrünes Laub
Schwarze Lilie *Lilium*-Hybride 'Monte Negro' ❀ 6–8, ⬆ 60–80 cm	○, wasserdurchlässiger, mit Kompost angereicherter Boden	sehr elegante rotschwarze Blüte, 'Black Magic': weinrot 'Black Beauty': dunkelrot	Zwiebelgewächs, Solitär oder in kleinen Gruppen, Kübelpflanze, Vorsicht: Lilienkäfer
Bronze-Felberich *Lysimachia ciliata* ❀ 6–8, ⬆ 60–80 cm	○–◑, gern am Gewässerrand	Blüte hellgold	rotbraune spitze Blätter, schicke, kontrastreiche Staude für größere Gruppen, Vorsicht: kann invasiv werden
Buntblatt-Knöterich *Persicaria microcephala* 'Red Dragon' ❀ 9–10, ⬆ 60–80 cm	◑–●, frischer, humoser Boden	weiße Blütenrispen	gesellige Füllstaude, weinrote, wunderschön gezeichnete Blätter, braucht im Winter Laubabdeckung
Schwarzer Wunderbaum *Ricinus communis* 'Atropurpurea' ❀ 8–10, ⬆ bis zu 200 cm	○, sehr nahrhafter, frischer Boden	knallrote Blüte, 'Carmencita': 140 cm, 'Impala': 90–100 cm	einjährig, sehr imposante raumgreifende Pflanze, große, bronzefarbene Blätter, als Solitär und als Strukturgeber
Purpur-Küchen-Salbei *Salvia officinalis* 'Purpurascens' ❀ 7–8, ⬆ 40–60 cm	○, trockener, durchlässiger Boden	blaue Blüte	elegant, nicht nur im Kräutergarten dekorativ, junge Blätter purpurviolett, später dunkelgraugrün, in rauen Lagen Winterschutz
Herbst-Steinbrech *Saxifraga cortusifolia* var. *fortunei* 'Rubrifolia' ❀ 9–10, ⬆ 10–30 cm	◑, frischer, humoser nährstoffhaltiger Boden	weißer Blütenschleier	ganzjährig attraktiv, rotbraune gelackte und gewellte Blattrosetten, rote Blattstiele, Schattenplatz auf der Nordseite des Hauses, hübsch für Herbst-Kübel
Schwarzes Hornveilchen *Viola*-Hybride 'Molly Sanderson' ❀ 5–8, ⬆ 20 cm	○, normale Gartenerde, muss feucht gehalten werden	schwarz, 'Bowles Black': schwarz mit gelbem Zentrum	sehr schwarz und samtig, hübsche Blütengesichter, gute Kübelpflanze, kurzlebig, aber versamt sich
Schwarzer Schlitzholunder *Sambucus nigra* 'Black Lace' ❀ 5–6, ⬆ 140–200 cm	○–◑, keine besonderen Bodenansprüche	Blüten hellrosa	exotisch, dekorativer Strauch, Blätter wie schwarze Spitze, bildet elegantes schwarzes Netz
Schwarze Rose *Rosa* 'Black Prince' ❀ 6, ⬆ 60 cm	○, guter und gehaltvoller Boden	schwarzrote Blüte, ebenso 'Black Lady', 'Black Beauty', 'Black Baccara'	die Königin der Blumen, avanciert in Schwarz zur Kaiserin

Bezugsquellen

Saatgut

Jelitto Staudensamen
Am Toggraben 3
29690 Schwarmstedt
Tel: 05071-98290
www.jelitto.com

Kiepenkerl-Nebelung
Kunden-Service
Im Weidboden 12
57629 Norken
Tel: 02661-9405284
www.kiepenkerl.de

Sperli Samen
Tel: 04941-998935
www.sperli-versand.de

Thompson & Morgan
Tel: 0800-1830788
www.tandmworldwide.com

Stauden und Gräser

Arends Maubach Stauden & Gartenkultur
Monschaustraße 76
42369 Wuppertal-Ronsdorf
Tel: 0202-464610
www.arends-maubach.de

Staudenkulturen Stade
Beckenstrang 24
46325 Borken-Marbeck
Tel: 02861-2604
www.stauden-stade.de

Staudengärtnerei Gräfin von Zeppelin
Weinstraße 2
79295 Sulzburg-Laufen
Tel: 07634-69716
www.graefin-v-zeppelin.com

Planwerk Staudengärtnerei am Chiemsee
Esbaum 2
83358 Seebruck am Chiemsee
Tel: 08667-876388
www.hostaversand.eu
Hosta-Spezialist

Staudengärtnerei Gaissmayer
Jungviehweide 3
89257 Illertissen
Tel: 07303-7258
www.gaissmayer.de

Frankreich

Iris Cayeux
BP 35
F-45501 Gien Cedex
Frankreich
www.iris-cayeux.de

Baumschulen

Bruns Pflanzen-Export
Johann-Bruns-Allee 1
26160 Bad Zwischenahn
Tel: 04403-6010
www.bruns.de

Baumschulgarten Enneking
Gartencenter Vördener Str. 42a
49401 Damme
Tel: 05491-2453
www.baumschulgarten-enneking.de
Spezialversand für ausgefallene Gehölze

Blumenzwiebeln und Dahlien

Paul Panzer
Köstritzer Dahlien
Neben dem Kurhaus
07586 Bad Köstritz
Tel: 036605-2659
www.koestritzerdahlien.de

Albrecht Hoch
Potsdamer Straße 40
14163 Berlin
Tel: 030-8026251
www.albrechthoch.de

Treppens Blumenzwiebeln
Berliner Straße 84–88
14169 Berlin
Tel: 030-8113336
www.treppens.de

Horst Gewiehs
Italienischer Weg 1
37287 Wehretal
Tel: 05651-336249
www.gewiehs-blumenzwiebeln.de

Wilhelm Schwieters Dahlien
Wehr 280
48739 Legden
Tel: 02566-1233
www.dahlien-schwieters.de

Lilienfarm
Stuifenweg 4
89075 Ulm
Tel: 0731-9213215
www.lilienfarm.com

Stichwortverzeichnis

Ziffern mit * verweisen auf Abbildungen

Über die Autorin

Dr. Kristin Lammerting wurde die Gartenleidenschaft auf dem elterlichen Traditionshof »Hardinghausen« in die Wiege gelegt. Sie studierte Biologie und Zahnmedizin. Auf vielen Reisen besuchte sie Gärten in aller Welt und entdeckte ihre Liebe zu den englischen Gärten. 1993 verwirklichte sie in Köln gemeinsam mit ihrem Mann den Traum vom eigenen englischen Garten. Inzwischen erlangte dieser Garten große Bekanntheit und wurde 2007 von RTL-Zuschauern zum *Schönsten Garten Deutschlands* gewählt. Nach ihrem Buch Knotengärten (mit dem Deutschen Gartenbuchpreis ausgezeichnet) präsentiert sie ihre ganzen Erfahrungen über *Gärten im englischen Stil* im gleichnamigen Buch als Ratgeber auch für kleine Gärten in unseren Breiten.

Bibliografische Information der Deutschen Nationalbibliothek

Die Deutsche Nationalbibliothek verzeichnet diese Publikation in der Deutschen Nationalbibliografie; detaillierte bibliografische Daten sind im Internet über http://dnb.d-nb.de abrufbar.

BLV Buchverlag GmbH & Co. KG
80797 München

Bildnachweis:
Alle Fotos von Kristin Lammerting, außer:
Borstell: 13, 36, 84, 92, 109
GAP/Bolton: 52
GAP/Holmes: 78
GAP/Nichols: 47
GAP/Whitworth: 85
Seidl: 15

Umschlaggestaltung: Kochan & Partner, München
Umschlagfotos:
Vorderseite: Getty Images/GAP Photos
Rückseite: ((folgt später))

Lektorat: Dr. Thomas Hagen, Ute Bauer
Herstellung: Angelika Tröger
Layoutkonzept Innenteil und DTP: griesbeckdesign, München

Gedruckt auf chlorfrei gebleichtem Papier

Printed in Germany
ISBN 978-3-8354-0748-0